MAURICE MAGRE

LE ROMAN DE CONFUCIUS

E. FASQUELLE, Éditeur

LA LUMIÈRE DE LA CHINE

LE ROMAN DE CONFUCIUS

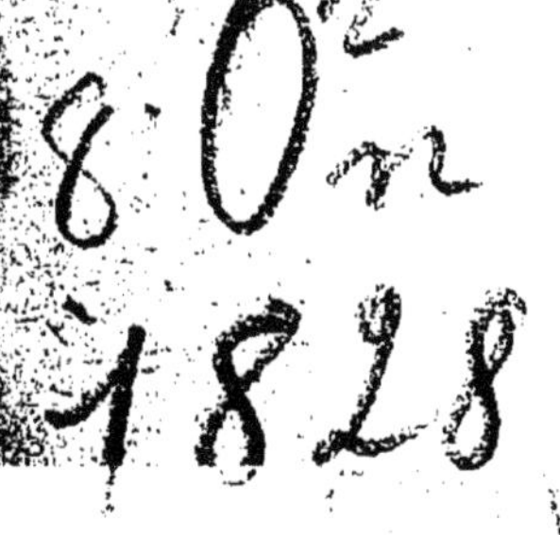

DU MÊME AUTEUR

POÉSIES

La Chanson des hommes........................ 1 vol.
Le Poème de la jeunesse........................ 1 vol.
Les Lèvres et le Secret........................ 1 vol.
Les Belles de nuit........................ 1 vol.
La Montée aux enfers........................ 1 vol.
La Porte du mystère........................ 1 vol.

Le Livre des Lotus entr'ouverts................. 1 vol.

ROMANS

Les Colombes poignardées (P. Fort)............... 1 vol.
La tendre Camarade (P. Fort)..................... 1 vol.
L'Appel de la bête (Albin Michel)................ 1 vol.
La Vie amoureuse de Messaline (Flammarion).... 1 vol.
Priscilla d'Alexandrie (Albin Michel)............ 1 vol.
La Luxure de Grenade (Albin Michel)............ 1 vol.

18-27. — Saint-Germain-lès-Corbeil. — Imp. Willaume.

MAURICE MAGRE

LA LUMIÈRE DE LA CHINE

LE ROMAN DE CONFUCIUS

PARIS
LIBRAIRIE CHARPENTIER ET FASQUELLE
EUGÈNE FASQUELLE, ÉDITEUR
11, RUE DE GRENELLE, 11

1927

IL A ÉTÉ TIRÉ DE CET OUVRAGE
60 exemplaires numérotés sur papier de Madagascar.

AUX HOMMES D'OCCIDENT

Hommes d'Occident, écoutez-moi! J'ai traversé des millénaires; j'ai vu des planètes qui ont disparu et j'ai fait la première moisson quand la terre était limoneuse et sortait à peine des eaux primitives.

Hommes d'Occident, j'ai appris l'écriture et l'art de composer des livres avec des tablettes de bambou quand vous marchiez à quatre pattes et mangiez la chair de vos morts.

Hommes d'Occident, j'ai cherché la vérité et je l'ai aimée avec mille fois plus d'ardeur que vous, et s'il y a des joueurs de harpe, des hommes qui comptent les étoiles et d'autres qui tracent des figures dans la pierre, c'est à cause de la sueur que j'ai répandue.

Hommes d'Occident, vous vous enorgueillissez de vos navires et de vos machines, de vos inventions et de votre Dieu. Il y a bien longtemps que je transforme la matière de mille façons, et quand j'ai connu Dieu, je suis demeuré immobile.

Hommes d'Occident, vous ignorez tout de moi, parce que ma science est secrète et que ma sagesse se tait. Prenez garde au malheur que cause celui qui révèle trop vite ce qui doit demeurer caché.

Hommes d'Occident, ne vous hâtez pas. Sur la montagne de Tai-Chang, je me suis assis et j'attends. Je vous vois venir de très loin. Le sable s'élève et retombe. Tous les peuples sont dispersés. La parole des sages demeure.

Hommes d'Occident, écoutez les sages, les grands sages de l'antique Chine. De leur vivant ils furent petits et nul ne sut qu'ils étaient les sages. Car telle est la loi. La vérité est invisible e nous l'aspirons sans la connaître.

Hommes d'Occident, la vérité est invisible mais elle est née sur la terre jaune, elle a mangé le grain de riz, sommeillé sous le mûrier bleu et nous la transmettons modestement. Hommes d'Occident, écoutez les sages, les grands sages de l'antique Chine.

LA JEUNESSE DES SAGES

[illegible]

LE GARDIEN DE LA MAISON DE CONFUCIUS

En hiver, à la IIe lune de la 21e année du règne de Ling-Wang, dans le montagneux royaume de Lou, sous le toit plat d'une petite maison de bambous, naquit Khoun-Fou-Tseu, que les hommes barbares de l'Occident appellent Confucius.

Tchang, le gardien de la petite maison de bambous, était occupé à recoller sur la porte les images en papier des esprits tutélaires des seuils, quand une servante lui confia l'enfant pour qu'il l'élevât vers la naissante lumière du soleil.

Et Tchang, qui atteignit une extrême vieillesse et survécut à Confucius, racontait plus tard aux pèlerins que le merveilleux enfant avait, en apparaissant au monde, le crâne en forme d'amphithéâtre et qu'il s'était incliné à plusieurs reprises avec une solennité calculée, pour exprimer son amour précoce des révérences prescrites et des rites obligatoires.

Tçhang racontait encore bien d'autres prodiges. Mais il les racontait en riant parce que, malgré sa simplicité, Confucius lui avait enseigné les vérités principales qu'il détenait.

Tchang savait donc que la raison est supérieure à toute chose, que le monde se transforme sans prodiges, sans divine intervention, par la logique des enchaînements.

Durant bien des années, il avait entendu, la nuit, marcher les diables sur les collines boisées, et le serpent aquatique, Wei, respirer tristement, au bord de la rivière. Il était délivré de ces craintes ! Plus d'amulettes contre les maléfices ! Plus de suppliques aux âmes errantes ! Depuis longtemps il avait jeté les encombrants talismans qui écartent les maladies. Quelle joie, après avoir passé pour stupide pendant cent années, d'être un sage affranchi de superstitions ! Quelle grande joie vraiment !

Et à cause de cela, sa face qui ressemblait,

malgré la vieillesse, à une large citrouille lunaire, prenait parfois une expression de vide et de désespoir. Car il savait aussi qu'il ne serait pas gardien d'une petite maison de bambous dans l'inconnaissable royaume des morts et qu'il ne reverrait plus jamais son maître bien-aimé, pourri maintenant entre les quatre planches de son cercueil double, sous le tumulus couvert de narcisses.

PRUNIER-OREILLE

Et cinquante-quatre ans plus tôt, dans le montueux royaume de Thsou, une pauvre paysanne vieillissante était devenue l'épouse d'un paysan grossier. Ils ne se connurent qu'une seule nuit, celle où la grande comète parut sur le montueux royaume de Thsou, mettant des flammes rouges et bleues sur le mica des rochers et faisant couler dans les fleuves de larges traînées lumineuses.

Ils s'aimèrent dans le creux d'un sillon, durant cette resplendissante nuit, et quand, au matin, la comète s'effaça, le paysan grossier rendit l'âme.

La pauvre femme vieillissante s'en alla le long des chemins ; de porte en porte elle frappa pour se louer comme servante. Mais quand sa grossesse fut visible, le maître pour lequel elle arrachait les mauvaises herbes dans les rizières fut mécontent et la renvoya. Elle erra longtemps, au hasard, misérable et sans nourriture. Et la nuit où la grande étoile filante partagea le ciel en deux, le ciel du royaume de Thsou, elle était assise sous un prunier et elle mit au monde un fils.

Les cheveux et les sourcils de l'enfant étaient aussi blancs que la neige et son regard avait une étrange profondeur, à cause de la lumière de l'étoile filante qui y était demeurée.

La mère donna à son fils le nom de l'arbre qui l'avait abritée. Mais elle s'aperçut ensuite qu'il avait les lobes des oreilles fort allongés, et elle l'appela Prunier-Oreille. Elle marcha avec orgueil, portant l'enfant entre ses bras et le montrant aux gens qui passaient.

Et ce fut le peuple étonné des sourcils et des cheveux blancs de l'enfant qui le nomma Lao-Tseu : vieillard-enfant.

Certes, tous les enfants ont l'air de vieillards par la grimace et par les rides, mais celui-là seul avait les signes de la sagesse, celui-là seul avait aux yeux la lumière de l'étoile filante, car c'était

Lao-Tseu le divin, l'unique, celui qui était chargé d'apporter la vérité secrète à la terre des hommes raisonnables et enfantins, laborieux et timides, superstitieux et positifs, à l'immémoriale terre de Chine.

LES DEUX SAGES DE LA CHINE

Deux hommes sublimes sont venus presque en même temps dans la Chine couleur de riz, et l'un est l'homme du pavot blanc et l'autre est l'homme du pavot noir. Pourquoi deux hommes sublimes sont-ils venus presque en même temps? Il serait plus sensé de demander pourqoi il y en a des millions qui sont venus, dépourvus de toute sublimité?

Hélas! L'humanité est comme un escargot à qui il est ordonné de faire dix mille fois le tour d'une montagne immense. La fin de la course est si éloignée qu'il semblerait logique que l'escargot en prît à son aise et qu'il cheminât sans hâte, laissant derrière lui sa traînée de bave. Mais non, une loi singulière l'oblige à se tourmenter pour avancer toujours plus vite.

Dans la Chine couleur d'argile poreuse il y a en ce moment deux maîtres parce qu'il y a deux vérités, une qui s'élance directement vers le ciel et une autre qui cherche son aliment dans la terre, une vérité idéale et une vérité de la vie, une vérité du cygne sauvage et une vérité du chien fidèle.

Et c'est pourquoi Lao-Tseu s'est assis sur la montagne et regarde profondément en lui-même, et c'est pourquoi Confucius fait entendre sa parole aux princes et recherche les honneurs pour que soit honorée, à travers lui, la vertu qu'il représente. La vertu qu'il croit représenter, car il n'est pas certain que la méditation du sage ne soit pas seulement une forme philosophique de l'égoïsme.

Dans la Chine couleur d'orge pilé, deux vérités ont été entendues. Le bourgeon continue à naître, les vapeurs continuent à monter dans les canaux des rizières, le martin-pêcheur lisse toujours ses plumes sur le saule, mais plus d'un lettré a laissé tomber son pinceau et a regardé le ciel avec étonnement.

Car c'est un impénétrable mystère qu'il y ait le jour et la nuit, le bien et le mal, la sagesse et la folie, le printemps et l'hiver, le côté pile et le côté face ; un impénétrable mystère qu'il y ait dans la Chine couleur de safran l'homme du pavot blanc et l'homme du pavot noir.

LA MÈRE DE CONFUCIUS ET LA LICORNE

Les esprits raisonnables veulent en vain écarter le merveilleux des événements de la terre. Ils disent que les grands hommes naissent à la manière des autres hommes. Mais d'abord est-ce que tout n'est pas merveilleux, même la simple naissance?

Le sous-préfet de la ville de Tséou, ayant désiré un enfant mâle, épousa pour l'avoir une jeune fille bien élevée. De cette union sans amour Confucius naquit. Les hommes ne réfléchissent pas à l'étrangeté du phénomène qui fait naître un enfant vivant du rapprochement de deux êtres dans le lit des époux, et ils s'étonnent de choses moins étonnantes.

Le matin de la conception, Tcheng-Tsai, la jeune fille bien élevée, descendait un petit chemin sous des canneliers, en proie aux pensées convenables de surprise et de résignation que les nuits de noces inspirent.

Une licorne sortit d'un buisson de genévriers et s'approcha de Tcheng-Tsai. Elle s'approcha si près que celle-ci enroula un ruban de soie à la corne unique de l'animal. Puis elle voulut la caresser, mais la licorne s'enfuit légèrement et Tcheng-Tsai s'aperçut alors qu'elle avait déposé à ses pieds une petite tablette de jade. Sur la tablette était écrit : « Un enfant naîtra, pur comme le cristal, qui sera roi, mais sans royaume ».

Et, en rapportant la tablette, en cheminant sous les canneliers, Tcheng-Tsai s'émerveillait de ce présage et elle en tirait de la fierté.

Mais, comme elle avait du bon sens, elle s'en émerveillait bien moins que de ce qui lui était arrivé pendant la nuit quand elle s'était étendue à côté du sous-préfet de Tséou.

Et quand, neuf mois après, elle apprit que deux Dragons ailés avaient enlacé sa maison durant qu'elle souffrait des douleurs de l'enfantement et que les cinq Vieillards sacrés, esprits des cinq planètes du ciel, étaient descendus dans sa cour pour s'entretenir des choses célestes, elle détourna la tête et considéra son ventre, comme le symbole d'un mystère vulgaire mais immense, mystère plus mystérieux que la présence des deux Dragons ailés et des cinq Vieillards planétaires.

MONG-PI

Le sous-préfet de Tséou disait avec orgueil, avec force, avec gravité :

— Il ne me fut donné qu'un fils.

Mais il savait bien qu'il en avait deux.

La ville de Tséou s'étageait au flanc d'une colline. Les plus belles maisons étaient sur la hauteur et, à mesure que l'on descendait, les jardins étaient plus petits et les toits, au lieu d'être d'ardoise, étaient faits de chaume tressé. Selon une rigoureuse prescription, toutes les rues avaient, chaque cent vingt tche, une lanterne de papier peint. Il n'y en avait qu'une seule qui n'avait pas de lanterne, c'était celle qui avait le plus besoin de lumière, une rue mal famée, au bas de la ville, qui se perdait dans la vallée.

Pour ce qui est de cette rue, le sous-préfet de Tséou négligeait ses propres ordonnances, car régulièrement, quand c'était la nouvelle lune, il s'y glissait furtivement à la tombée de la nuit, il la descendait d'un pas rapide. Il préférait alors ne pas être vu et il avait donné des ordres secrets à ses fonctionnaires de police pour qu'aucune lanterne n'y fut allumée.

— Le mal, disait-il, doit rester secret.

A la faveur de ces ténèbres, les mauvais hommes s'assemblaient, ils buvaient du vin de riz dans des boutiques enfumées, des femmes s'accroupissaient devant les seuils, la misère, immobile durant le jour, s'agitait et souffrait davantage en cherchant la joie dans l'ombre.

Le sous-préfet avait honte de lui-même ; mais, pour la satisfaction de son désir, une force aveugle le poussait à se rendre chez une pauvre créature appelée Lu, qui lui donnait un plaisir aussi humble que sa propre âme.

Et, après une longue succession des visites du sous-préfet, Lu mit au monde un enfant. Il était un peu contrefait, laid de visage, avec une certaine expression de stupidité. Mais Lu l'aima d'un immense amour. Sous le voile de la laideur apparente, l'âme pure des mères perçoit la beauté réelle qui est indépendante des traits du visage.

— O sous-préfet de Tséou, dit-elle, quand ce fut la nouvelle lune après la naissance, voici l'enfant qui est né de toi et que j'ai appelé Mong-Pi.

Et le sous-préfet s'indigna fort de ces paroles et s'en alla pour ne plus revenir. Ce fut à partir de ce jour que la rue mal famée au bas de la ville eut des lanternes de papier peint.

Le visage de l'enfant devint moins stupide à cause de l'amour de sa mère qui s'y reflétait. Toute la journée Lu le tenait dans ses bras et quand elle avait bu elle le déposait sur le sol. Et comme l'unique pièce qu'elle habitait était à l'endroit où la rue faisait une pente raide, l'enfant, qu'elle avait placé sur le côté élevé, roulait vers le côté bas et se heurtait aux murs de bambou. Elle le replaçait aussitôt, et plus elle le replaçait, plus il roulait. Il roula tellement qu'à la fin il fut plus contrefait qu'avant et qu'il ne pouvait faire quelques pas sans boiter de droite et de gauche. Mais les dieux qui protègent les enfants misérables de la mort avec une sollicitude plus grande que les enfants riches, lui garantirent toutefois la vie.

Lu était une humble femme. Mong-Pi fut un humble enfant. Le sous-préfet de Tséou se détournait avec colère quand il les croisait dans une rue. Jamais Mong-Pi n'osa s'approcher de lui. Parfois seulement il le suivait de loin quand il se promenait dans la campagne et, le soir, il se postait devant sa maison et il regardait s'allumer les lumières des fenêtres.

Et le sous-préfet de Tséou était très irrité de cette ombre enfantine qui suivait son ombre.

La nuit où naquit Confucius, la nuit où les Dragons ailés planèrent et où les cinq Vieillards descendirent, Mong-Pi était assis sur le chemin. Mais il ne vit ni les Dragons ni les Vieillards. Il perçut que Tchang sur le seuil élevait au ciel un enfant.

— Puisse cet enfant-là, se dit il, être posé sur un sol bien plat !

Et il s'éloigna en courant très vite.

Jamais plus il ne suivit dans ses promenades le sous-préfet Tséou.

LES SALUTATIONS DE CONFUCIUS

Durant toute son enfance le petit Confucius salua. Il salua les tablettes ancestrales dans l'ombre du Miao imprégné d'encens ; il salua sa mère, sortant à l'aurore de sa chambre, imprégnée de lavande. Il guetta son père devant la porte pour le saluer quand il rentrait, imprégné de la poussière des rues ; il observa afin de les imiter les révérences que les personnes âgées se faisaient entre elles ; il salua dans la rue les gens qui passaient, quand ils avaient des broderies sur leur robe ; il salua ses camarades en jouant avec eux et il leur enseigna des saluts ; il salua les vieux cyprès pour leur majesté et leur droiture, les jeunes roses pour leur parfum, les pierres pour leur caractère solide, le ciel pour sa fluidité. Et quand il eut conscience des pures qualités dont son âme se remplissait, il aurait voulu se saluer lui-même pour honorer la vertu naissante.

Son père, le sous-préfet, mourut ; il salua sa tombe. Des jours difficiles vinrent ; il salua la pauvreté. Puis il fallut s'instruire ; il salua l'école.

Modestie, application, douceur étaient ses attributs quotidiens. La politesse lui apparaissait comme une sublime expression de perfection humaine. Toutes les formes lui en étaient chères et la seule résonnance du mot politesse l'emplissait d'une délectation idéale. Il trouvait tous les usages respectables parce que c'étaient des usages. Tous les rites devaient être célébrés parce que les rites font une chaîne qui ne doit pas s'interrompre. Toutes les adorations étaient légitimes parce qu'elles étaient anciennes. Mais il honorait avant toute chose la convenance et la mesure, avec la réserve pourtant qu'il ne fallait les honorer que d'une manière convenable et mesurée.

Vers quinze ans une habitude de prosternation

avait légèrement incliné son corps en avant. Son crâne avait perdu son étrange forme d'amphithéâtre et s'était modelé normalement. Il avait un visage régulier, des gestes un peu lents, une légère onction dans la voix. Une buée voilait ses yeux et il baissait souvent les paupières afin d'atténuer cette trahison du regard par où jaillit la sincérité, car il savait déjà combien une sincérité excessive est inconvenante et saugrenue dans les rapports des hommes entre eux.

Une renommée de piété filiale, d'amour de l'étude et du respect des choses respectables s'était répandue autour de lui et, comme pour tous ceux qui ont la renommée d'une qualité, cette qualité augmenta par l'idée qu'on avait d'elle. Il interrompait quelquefois son repas pour se jeter aux pieds de sa mère surprise. La consommation d'encens sur l'autel des ancêtres devint telle que, pour y suffire, il alla vendre certains bijoux qu'il jugeait méprisables parce qu'ils n'avaient pas de caractère sacré. Il prit l'habitude, quand quelqu'un se présentait, pour le voir, sur le seuil de la maison, de s'élancer à sa rencontre les bras étendus et les agitant comme des ailes, pour lui montrer que, dans son ivresse de politesse, il volait au-devant de lui.

Il tomba malade et fut obligé de se coucher la première fois qu'il vit une comète dans le ciel, parce que cette singularité lumineuse contrariait l'habitude, troublait l'ordre, interrompait l'harmonie.... Mais le troisième soir de sa maladie, il se leva précipitamment, sortit de la maison malgré les prières de sa mère et gravit en courant la colline qui domine Tséou afin de saluer solennellement la comète. Elle avait disparu, et Confucius médita longtemps sur cette irrégularité céleste, cette fantaisie du divin.

LE LIVRE SUPRÊME

Tout droit se tenait Lao-Tseu pendant que Confucius saluait, droit comme le cyprès qui pousse, droit comme la pensée qui s'élève, droit comme la conformation osseuse de l'homme.

Il avait été misérable dans son enfance ; il avait gardé les troupeaux dans les plaines désolées du royaume de Thsou ; il avait erré sur les routes, attendu aux portes des villes que le gardien soit endormi pour entrer. Toujours il s'était tenu droit.

Il avait marché dans des déserts avec ses jambes de petit garçon, marché de longs jours sans boire et sans manger. Et il avait aperçu dans la tristesse des sables les formes silencieuses des Koei qui l'avaient fixé avec leurs prunelles laiteuses, et tenté de le saisir entre leurs antennes d'insectes. Il avait regardé ces démons en face et, sous les nuages qui descendaient, au milieu des sables qui montaient, toujours il s'était tenu droit.

Un marchand de buffles s'était mis à le haïr à cause de la bonté de son âme et l'avait attaché à un poteau par une chaîne pour ne pas se séparer de lui et le faire souffrir à son aise. Car si les bons attirent les bons, si les mauvais attirent les mauvais, les parfaits attirent les plus mauvais et exaspèrent le mal en eux. Mais, devant le marchand de buffles et sous les coups de son bambou, toujours il s'était tenu droit.

Il avait connu avec l'adolescence la plus grande souffrance humaine qui est de désirer s'instruire, de sentir son esprit comme une fleur intérieure près d'éclore et de ne pas avoir les livres, les livres où la connaissance est enclose et d'être rejeté parmi les hommes inférieurs, loin de ce qui est beau et de ce qu'on aime. Mais même en regardant par-dessus les murs, derrière les jardins taillés, les lettrés au grand front lever leur pinceau et s'entretenir des choses divines, il avait empêché son cœur d'éclater, toujours il s'était tenu droit.

Car, depuis le commencement du monde, c'est une loi inexorable. Celui qui doit s'élever très haut, celui qui doit s'en aller très loin commence sa peine dans les bas-fonds. Il faut qu'il fende la terre comme le grain de blé, après y avoir pris sa substance. Il faut qu'il parcoure les cycles inférieurs de l'homme, sans père et sans mère pour le protéger. Il doit reconnaître lui-même, avec la pierre de touche de son âme, ce qui est pur de ce qui est impur. Dans le monde changeant des reflets, il doit chercher la vraie lumière qui, lorsqu'on l'a trouvée, ne s'éteint plus. Il faut qu'il apprenne sans maître, qu'il trouve son chemin sans guide. Il faut que la laideur soit son épouse, qu'il ait des poux comme les mendiants, des soulèvements de la peau comme les galeux. Toujours il doit se tenir droit.

*
* *

A force de désirer lire les livres des hommes il arriva à lire un autre livre qui était devant lui. Innombrables en étaient les caractères, mais on pouvait les déchiffrer sans étude. Il lut le texte des nuages du ciel. Dans l'antiquité des montagnes il souleva la poussière des origines. Dans la fraîche jeunesse des herbes il fit craquer l'ode de l'éveil. En marchant dans l'eau des rivières, il comprit que le monde n'est qu'un miroir en mouvement.

Il apprit des secrets qu'on ne peut apprendre que lorsqu'on n'est pas aveuglé par la science trompeuse des hommes. Dans le regard des animaux il y a quelques-unes des grandes pensées qui forment le fond de la vérité unique. L'aspect de certains végétaux, certaines manières que les pierres ont d'être tristes lui enseignèrent qu'il n'y a que des différences de forme et que toutes les vies sont de même essence, à des points différents d'une course immense.

Et il lut tellement dans ce grand livre enluminé dont les feuillets n'avaient pas besoin d'être tournés, que, lorsqu'il put à loisir se pencher sur les tablettes de bambou attachées avec un fil de soie pour y lire la science des anciens sages, il s'aperçut que, cette science, il l'avait déjà lue, tracée en des caractères plus vastes, et que la seule sagesse vraie est celle que l'on découvre soi-même.

LE PALAIS DES DÉLICIEUSES PENSÉES

A Lo-Yang l'empereur King-Wang, de la dynastie des Tchéou, possédait un antique palais de pierre qu'il trouvait trop vieux et trop triste pour lui servir d'habitation. Ce palais s'appelait le palais des Esprits de la terre. Il y avait, à ses quatre points cardinaux, quatre grands blocs de marbre noir sur lesquels le non de Fo-hi était gravé. Il était entouré d'un jardin où ne croissaient que des buis et des cyprès.

De l'autre côté du fleuve Hoang-Po, face au palais des Esprits de la terre, l'empereur King-Wang fit construire le palais des Délicieuses Pensées, dont le toit était fait de tuiles bleues, les murs extérieurs recouverts de faïences colorées et qui avait cinq terrasses superposées en marbre blanc veiné d'azur avec des colonnettes légères comme des étamines de fleurs.

L'empereur fit entourer le palais des Délicieuses Pensées d'un jardin renfermant toutes les variétés de fleurs connues dans la Chine et même des fleurs singulières rapportées d'Occident par des voyageurs.

Il fit parsemer ce jardin de kiosques délicats pour la rêverie et de bassins de jade dallés de cristal pour la réflection du visage. Et ce jardin était entièrement composé de bouleaux blancs et de citronniers dorés.

L'empereur King-Wang avait rêvé dans sa jeunesse de ramener à l'obéissance tous les rois feudataires de la vaste Chine et de rendre l'empire puissant comme au temps des premiers Tchéou, ses aïeux. Mais, par une inexplicable évolution, son esprit était devenu futile, un peu plus futile chaque jour, et il ne pouvait plus s'occuper que d'insignifiances et de futilités. Il se passionnait pour les querelles des joueuses de luth, la qualité du papier des éventails, une forme nouvelle des étuis pour les ongles. Il en était arrivé à avoir mal à la tête par la seule vue des grandes lamelles de bambous où les rois instructeurs avaient tracé le cérémonial, les hymnes religieux, les chroniques des guerres et des travaux. Et il se couchait quand, par mégarde, ses doigts avaient rencontré un livre sur une étagère, à cause de la fatigue communiquée à son corps par l'occulte influence du livre.

De l'autre côté du fleuve Hoang-Po, dans le palais des Esprits de la terre, derrière les sombres files de cyprès et l'amoncellement des buis, il fit transporter les archives de l'empire, les livres sacrés, les ouvrages des philosophes anciens pour ne plus les voir et n'en plus entendre parler. Mais les grands lettrés de son entourage déclinèrent le titre de gardiens des Trésors littéraires, pensant, s'ils acceptaient, encourir une sorte de disgrâce et ne plus être admis à s'entretenir de futilités avec leur maître.

L'empereur King-Wang connut la souffrance de l'hésitation. Cette souffrance lui était particulièrement cruelle. Elle s'aggrava de l'insistance que mirent quelques mandarins à obtenir de lui une audience promise depuis très longtemps. Il s'agissait de recevoir un homme d'une grande sagesse qui vivait misérablement à Lo-Yang et qui s'appelait Lao-Tseu. Çet homme, qui n'avait pas la culture des écoles officielles, professait sur les origines du monde des idées personnelles d'une grande profondeur. Ces mandarins allaient l'écouter souvent et l'admiraient beaucoup. Ils pensaient dans leur zèle que l'empereur ne pouvait pas ignorer un personnage aussi remarquable et être privé du plaisir de l'entendre.

King-Wang était futile mais ne l'avouait pas. Il savait qu'un souverain n'est grand que s'il favorise l'intelligence parmi ses sujets. Ainsi avaient agi les Tchéou et avant eux les Tchang et avant eux les Hia et tous ceux qui avaient gouverné la Chine depuis Hoang-Ti. Ainsi il agissait lui-même. N'avait-il pas installé les livres dans l'antique palais des Esprits de la terre ? Il ne pouvait, pour le moment, accorder l'audience à l'homme remarquable appelé Lao-Tseu. Une collection de chenilles l'occupait entièrement. Mais il voulait honorer pourtant un esprit qui s'était développé loin des écoles. Le poste de gardien des Trésors littéraires était vacant. Il le donnait à ce sage. L'audience était inutile. Il irait le visiter en personne à une époque non fixée. O joie de s'occuper des chenilles, après avoir écarté la menace de deux ennuis !

LE PALAIS DES ESPRITS DE LA TERRE

Quand Lao-Tseu pénétra dans le palais des Esprits de la Terre, le soleil commençait à se lever. Il dorait la cime des cyprès, le cercle des buis, l'eau du fleuve et, sur l'autre rive, le palais des Délicieuses Pensées, au milieu de ses parterres, de ses vasques de jade, de ses passerelles de jaspe, de ses tourelles d'argent ciselé. Plus loin la ville reposait comme un océan de jouets coloriés borné de remparts, avec ses temples plats à cinq façades, ses grands espaces vides pour les cérémonies cultuelles et ses ponts bossus comme des chameaux de pierre.

Lao-Tseu considéra les salles profondes où étaient amoncelées les feuilles de bois poli nouées de cordonnets, il fit jouer les ferrures des coffres qui renfermaient les plus précieuses tablettes, il toucha avec amour des rouleaux d'écorce, il en respira la poussière sacrée. Une odeur de moisissure et de vieillesse s'élevait qui lui parut plus enivrante que l'odeur des plus aromatiques vallées où le printemps fait bouillonner la sève des végétaux. Tard se réalisait son rêve. Les secrets qu'il avait tant désiré trouver dans les livres, il les avait entrevus dans la buée de ses méditations. A présent, il savait intérieurement ce qu'il allait apprendre. Car les rêves ne se réalisent que quand on n'a plus besoin de leur réalisation.

Il était en présence des signes de la grandeur de l'homme, du verbe transmis, de l'esprit de l'antique Chine. Il ne fut plus maître de lui. Il ouvrit les bras pour saisir matériellement ce qui était spirituel. Il prit des brassées de tablettes. Il les étreignit sur sa poitrine, il les caressa de son visage ridé, de ses mains osseuses. Il se laissa tomber sur les dalles. Il parcourut un livre, puis un autre. Il aurait voulu tout lire à la fois. Il y avait des annales millénaires en caractères anciens et des annales de peuples antérieurs aux Chinois en caractères qu'il ne connaissait pas. Les livres sacrés de Yao et de Chun étaient composés de plaques d'or vierge tellement nombreuses et pesantes qu'il eut de la peine à les soulever. Il parcourut le livre où sont expliqués les rapports qui existent entre notre planète et les autres globes célestes, le livres des cinq règles immuables et des cinq devoirs, le livre de Ta-Nao où sont les principes de l'arithmétique et de la géométrie et le livre que l'impératrice Louï-Tseu, celle qui fut surnommée l'Esprit des mûriers et des vers à soie, écrivit sur l'art de filer et de confectionner des robes. Il parcourut les relations des dix sages qui avaient accompagné l'empereur Mou-Wang dans son voyage au mont Kouen-Lun que les Indiens nomment Mérou, ce qui le confirma dans son hypothèse que toute science vient de l'Occident. Il toucha une plaque de jade où l'empereur Fo-Hi avait tracé de sa main les huit premiers diagrammes et des lamelles d'ivoire où étaient les dessins des danses nommées Ta-Vou instituées par le quinzième empereur pour perpétuer la beauté de la forme humaine. Et il y avait aussi des éphémérides de villes, des énumérations de phénomènes météorologiques, des reproductions de lunes et de comètes, des cartes d'îles de la mer Orientale, des listes de génies et d'esprits et certains livres étaient faits avec des métaux mystérieux, si minces qu'ils étaient translucides et que les caractères avaient l'air d'y vivre comme des armées d'insectes intelligents.

Sur les traits de Lao-Tseu qu'avaient durcis les privations et la solitude descendit cette douceur que seule apporte le sentiment de la reconnaissance.

Il se releva, il atteignit le seuil du palais de pierre et, regardant par delà la ville les collines circulaires où s'étageaient les mûriers bleuâtres et les pêchers couverts de fleurs roses, il dit :

— Je remercie les premiers nés des anciennes races. Avec patience, ils apportèrent chacun un grain de connaissance au très pauvre grenier spirituel. Ils ont constitué un grand trésor. Je le touche, je le vois, je le possède. Mais la pierre précieuse, ineffable, celui-là seul peut la contempler qui regarde intérieurement. Avec mes yeux sans paupières je vais la chercher parmi les innombrables caractères des livres. Je la trouverai peut-être. Si je la trouve, je ne pourrai pas la léguer. Chacun doit la chercher et la trouver. Que les hommes reçoivent la bénédiction de l'homme.

Alors il eut la confuse sensation de nombreuses présences autour de lui. Il lui sembla que dans les allées de cyprès il y avait une lente promenade de sages en méditation. Il ne distinguait ni leur visage ni leur forme exacte, mais il était certain d'un passage grave de personnages qui étaient vêtus de robes et se tenaient droits et pensifs comme les cyprès et marchaient, invisibles, les bras croisés. Ces personnages ne faisaient pas de bruit en foulant le sable, on n'entendait pas leur respiration, mais ils laissaient derrière eux un sillage de pensée.

Lao-Tseu demeura longtemps les yeux fixés sur le jardin où les gouttes de rosée luisaient comme des milliers de perles. Puis les bruits de la ville en s'élevant, le soleil en répandant une plus chaude lumière dissipèrent cette illusion.

*
* *

A la même heure, vêtu d'une robe de soie blanche, l'empereur descendait les parterres de ses jardins et arrivait au bord du fleuve. Il n'avait pas pu dormir, parce qu'il savait qu'à l'aurore deux ibis apprivoisés se battaient en jouant dans les roseaux, et depuis la veille il avait craint de manquer le moment de leurs ébats dont il tirait une joie puérile.

Il aperçut, entre les buis et les cyprès, la silhouette de Lao-Tseu debout sur le seuil du palais des Esprits de la Terre. Lao-Tseu le vit aussi et quelques instants le sage et l'empereur, séparés par le fleuve, se considérèrent à la clarté du soleil levant. L'empereur se détourna vite avec ennui; mais, contrairement au plus élémentaire cérémonial, Lao-Tseu ne se prosterna pas pour toucher la pierre de son front. Comme il l'avait toujours fait, il continua à se tenir droit, droit comme les Esprits de la Terre, les frères invisibles qui hantaient le vieux palais des Livres.

LE MARIAGE DÉ CONFUCIUS

L'ENTERREMENT DE L'HUMBLE LU

Comme Confucius se tenait un soir devant la porte de sa maison, il vit monter vers lui, par une des rues en pente qui gravissaient la colline de Tséou, un étrange cortège funèbre.

Deux porteurs marchaient en tête, ayant sur leurs épaules un cercueil de bois. Ce cercueil ne devait pas contenir un mort bien pesant, car les porteurs avaient l'air de le porter sans effort et même l'agitaient comme si ce n'avait été qu'une légère boîte absolument vide. Les porteurs étaient suivis d'un groupe de femmes qui avaient des peignes de couleur dans les cheveux et qui, sous le plâtre des fards et le carmin des lèvres, sem-

4

blaient porter des masques blancs tachés de sang.

Confucius reconnut des créatures de mauvaise vie, habitantes de la rue basse de la ville.

Et il reconnut aussi, au milieu d'elles, deux danseurs de corde, une vieille mendiante qui, depuis des années, tendait la main à la porte du Nord, et un grave maître de Feng-Shui qui pratiquait les arts divinatoires pour quelques sapèques. Il pensa que c'était une prostituée que l'on enterrait, car les seules cérémonies mortuaires qui puissent se dérouler la nuit étaient celles des prostituées. Du reste, il distingua sur le cercueil le cordonnet emblématique auquel était suspendu un disque de cuivre portant l'empreinte du sceau royal et cette sorte de diplôme qu'il avait vu rédiger souvent par son père le sous-préfet et où il était mentionné que la titulaire exerçait la profession de prostituée.

Il allait à la hâte rentrer et refermer vivement sa porte quand il fut retenu par l'énormité de l'inconvenance qui frappait sa vue.

Un personnage caricatural et contrefait marchait derrière le cercueil en s'appuyant sur le bras d'un des danseurs de corde. Il était vètu d'une robe blanche de deuil, mais cette robe, trop longue et trop large, lui avait été visiblement prêtée et était une robe de femme, une sorte de chemise d'intérieur. Ce personnage, dans lequel Confucius ne reconnut pas tout de suite le méprisable Mong-Pi, avait les yeux rouges et le visage couvert de larmes; mais, parfois, il s'arrêtait, il faisait une grimace, poussait une sorte d'affreux éclat de rire et dessinait en boitillant derrière le cercueil une gambade grotesque. Puis il se tournait vers les danseurs de corde, vers le maître en art divinatoire, vers la mendiante et les autres femmes et il les incitait de l'œil et du geste à l'imiter.

Les danseurs faisaient un saut, la mendiante levait sa béquille, le grave maître de Feng-Shui balançait sa tête de droite et de gauche et les visages fardés montraient l'ivoire des dents et écarquillaient les prunelles de façon plaisante ou dramatique.

Confucius était immobile sur son seuil comme la statue de la vertu désapprobatrice.

Mais, en l'apercevant, Mong-Pi saisit le pan de

sa robe blanche et, le déployant, il s'élança tout près du cercueil et se mit à crier :

— Ne regarde pas de ce côté ! Ne regarde pas sur la droite !

Et il avait l'air de vouloir cacher, à la légère morte que ballottaient les porteurs, la maison de Confucius et Confucius scandalisé.

Comme il marchait à reculons et qu'il n'était pas solide sur ses jambes d'infirme, il glissa et tomba dans une profonde flaque de pluie en faisant autour de lui un jaillissement d'eau. Le jaillissement d'eau éclaboussa les porteurs du cercueil et l'un d'eux le reçut au visage. Il eut un mouvement de recul et le cercueil glissa de son épaule et tomba.

Il s'ensuivit des cris et une grande confusion.

Les danseurs relevèrent Mong-Pi, dont la robe blanche était souillée par la boue. Les femmes entourèrent le cercueil qui s'était décloué dans sa chute.

Et alors, durant quelques secondes, Confucius fut témoin d'une singulière apparition. Toute menue, presque aérienne, il y avait une petite femme droite et séchée entre les planches de sapin disjointes. La mort avait paré son visage de la pureté du marbre et de l'orgueil des statues. Tout le monde fut impressionné par la grandeur qui se dégageait de sa forme étroite. C'était la prostituée Lu qui, ayant été une humble créature toute sa vie, trouvait dans ce crépuscule, parmi les flaques de pluie, l'unique attitude royale que les hommes devaient connaître d'elle.

La nuit acheva de descendre. Le cortège reprit sa route. Confucius demeura immobile sur la porte de sa maison. Il interrogea, au sujet de cette scène incompréhensible, un homme qu'il connaissait et qui passait sur la route.

— C'est le pauvre Mong-Pi, dit celui-ci, qui enterre sa mère Lu. Elle vivait de prostitution et était très misérable. Elle n'avait pas de plus grande joie que de voir son fils faire des grimaces et des farces avec d'autres vauriens comme lui. Alors Mong-Pi, qui aimait sa mère, a voulu que son esprit soit égayé une dernière fois avant qu'elle reposât sous la terre. Quand votre père était sous-préfet, il n'aurait pas permis un tel scandale. Tout va plus mal qu'autrefois.

Confucius leva les yeux au ciel. Il vit l'étoile Ki qui brillait à travers d'épaisses nuées d'orage. Ainsi, comme l'étoile Ki, la piété filiale pouvait briller, au milieu des nuages de la grossièreté, dans le ciel de l'âme.

LE BLEU DE L'ÉTOILE KI

Confucius s'éveilla, une nuit, en sursaut. Il s'assit sur son séant et il se demanda la cause de ce réveil, car il dormait d'ordinaire profondément comme ceux qui se portent bien et n'ont rien à se reprocher. Il y avait une tempête qui faisait gémir les toitures et s'engouffrait avec un grand bruit dans les rues en pente de la ville de Tséou.

Mais ce n'étaient pas les éclats du tonnerre et le ruissellement de la pluie qui avaient éveillé Confucius. C'était une bizarre voix humaine qui venait de la partie haute de la colline, au-dessus de sa maison.

Confucius pensa que l'inconvenance qu'il y avait à crier à pareille heure sur la colline provenait peut-être de quelque détresse qu'il était convenable de secourir. Il se leva donc, s'habilla, prit une lanterne et sortit.

La voix provenait de cet endroit du chemin où, entre des genévriers sauvages, Confucius avait remarqué, quelques jours auparavant, le tertre d'une tombe nouvelle. Il s'était arrêté devant cette tombe et il avait lu le texte gravé sur la tablette de bois où l'esprit du mort était censé venir se poser :

— Lu, la très gracieuse, la très humble, la très désintéressée, qui aimait toutes choses et tout le monde.

Confucius distingua une silhouette près du tertre et, à sa démarche boiteuse, il reconnut Mong-Pi. Sa chemise blanche était tellement collée à lui par la pluie qu'il semblait nu. Il agitait un bâton d'une manière menaçante et il clamait d'une voix terrible :

— Allez-vous en ! Encore plus loin, ou malheur à vous !

Et il faisait le geste de frapper des êtres invisibles. Puis il se précipitait à quatre pattes devant la tablette et, avec un accent empreint de douceur et de tendresse, avec un accent de consolation, il murmurait :

— Tu n'as plus rien à craindre. Ils sont partis. D'ailleurs je veille. Va, dors en paix, maintenant.

Confucius sentait des ruisseaux descendre dans son cou et le glacer, mais il avait chaud au cœur. Il devinait pourquoi Mong-Pi était là, le sens de ses cris et de sa sollicitude. Sans doute, quand elle vivait, sa mère avait peur de l'orage dans sa petite maison de la rue basse. Alors il avait pensé qu'elle devait avoir bien plus peur encore, solitaire sous le tertre mélancolique, près des genévriers. Il était venu la garder des mauvais esprits qui circulent avec les vents.

Confucius eut un irrésistible élan vers ce jeune homme dont la vertu filiale rachetait la mauvaise existence. Il s'avança vers lui, souleva sa lanterne pour être reconnu, puis, lui tendant les bras, il lui dit :

— Mong-Pi, à partir de cet instant, je veux que tu sois mon frère.

Mong-Pi le considéra avec surprise, il gratta sa tête ruisselante et répondit :

— Frères? Mais nous l'avons toujours été.

Et il recommença à frapper l'espace de son bâton, à menacer les ondées de la pluie, à rassurer la tablette de bois où devait grelotter l'humble présence maternelle.

Confucius resta perplexe de cette réponse dont le sens lui était mystérieux. Et, en redescendant le chemin pour rentrer chez lui, trempé jusqu'aux os et soudain gelé, il songeait que la manifestation de la vertu est parfois aussi incompréhensible que la nuance du bleu de l'étoile Ki.

LE LUTH DE KI-KÉOU

Ki-Kéou était une jeune fille qui avait de grands rapports avec l'oiseau chanteur Tong-Hou-Fang. Elle était la fille de parents nobles et pauvres qui habitaient à quelque distance de Tséou une demeure qui se délabrait.

A l'imitation de l'oiseau Tong-Hou-Fang, qui volète d'une branche à l'autre sans raison, elle courait de ci, de là dans la maison pleine de poussière ou le jardin plein de mauvaises herbes et paraissait très occupée à de minimes choses sans importance. Elle aimait à jouer du luth avant l'aurore, et quand on lui reprochait de réveiller tout le monde sans raison, elle disait que la musique n'est sublime qu'exactement un peu avant le lever du jour, théorie qui semblait absurde aux musiciens consultés à ce sujet.

Il y avait pourtant quelqu'un qui pensait ainsi. A l'heure où les nuits d'été commencent à blanchir légèrement, Ki-Kéou, qui jouait du luth dans son jardin, entendait un autre luth résonner et se rapprocher dans la direction de la colline de Tséou.

Sur le chemin où les pêchers avec les saules alternaient, s'avançait en boitant Mong-Pi. Il venait de jouer devant la tablette où était posé pour l'entendre l'esprit de sa mère. Et il allait jusqu'à un mur en ruine où il savait que par une brèche il pouvait voir un beau visage de jeune fille illuminé par le mystère de la musique.

Quelquefois Ki-Kéou l'accompagnait avec son luth. D'autres fois elle écoutait, immobile et elle regardait de loin l'être étrange en costume blanc qui se tenait sans bouger et jouait du luth suavement. Car jamais Mong-Pi ne bougeait. Il espérait que la jeune fille ne saurait pas comment il boitait en marchant. Et il attendait que les contours des choses fussent dessinés et que la jeune fille fût rentrée dans la maison pour repartir le long des pêchers et des saules.

Longtemps Ki-Kéou pensa que le joueur de luth vêtu de blanc était un bienveillant esprit de la campagne familière.

Mais un matin qu'elle s'était attardée, elle distingua mieux le visage de Mong-Pi et elle y vit briller une larme. Alors elle pensa que c'était un homme. A partir de ce jour elle eut du remords, mais elle s'appliqua davantage en jouant du luth.

LE MARIAGE

Le père de Ki-Kéou appela un jour sa fille auprès de lui et il lui parla avec solennité.

— Le temps est venu où tu dois cesser d'être pareille à l'oiseau chanteur Tong-Hou-Fang et où tu dois te marier. Sans doute as-tu entendu parler de Confucius, ce jeune homme de Tséou qui a déjà acquis une grande réputation par sa vertu et sa connaissance de l'histoire et des livres canoniques. Certes, il est sans fortune, mais il appartient à une famille noble et ancienne et on prétend même, sans que cela soit vérifié, qu'il y a eu un empereur parmi ses aïeux. Il vient d'obtenir du roi de Lou l'emploi de contrôleur des greniers publics, ce qui n'est pas un poste très élevé, mais ce qui indique qu'il a la connaissance des dépenses et des recettes, de la production de la terre et de son rendement en argent, connaissance qui a toujours manqué à ton père puisqu'il est ruiné et qu'il a fait de sa fille un être pareil à un oiseau. Confucius est venu te demander en mariage et j'ai répondu que tu accepterais vraisemblablement. Il a déjà envoyé le billet des huit caractères désignant l'année, le mois, le jour et l'heure de sa naissance et je vais lui renvoyer le billet des huit caractères désignant l'année, le mois, le jour et l'heure de ta naissance pour qu'ils soient confrontés par le devin suivant l'usage. Car Confucius tient essentiellement au respect des usages. Il recommande l'obéissance ponctuelle aux trois cents prescriptions du cérémonial et aux trois mille règles du décorum. J'ai toujours trouvé personnellement que ces règles étaient excessives et trop nombreuses, mais c'est lui qui doit avoir raison puisqu'il est contrôleur des greniers publics et que nous vivons pauvrement dans cette maison solitaire. D'ailleurs tu finiras par t'accoutumer à ces règles avec le temps. As-tu une objection à faire à cette proposition d'union convenable?

Ki-Kéou demeura longtemps silencieuse.

— Pourrai-je jouer du luth avant l'aurore? dit-elle enfin.

— Sans doute, répondit son père en haussant les épaules.

Et le mariage fut décidé.

*
* *

On apporta à Ki-Kéou des nénufars et des tournesols, des pastèques et des grenades qui sont les fleurs et les fruits qu'il est convenable à un fiancé d'offrir à sa fiancée. Et elle courut de droite et de gauche avec ses ailes de jeune fille; elle lissa son plumage; elle forma mille projets puérils et les jours passèrent et l'on arriva à la septième lune de l'année du Lièvre pendant laquelle le mariage devait être célébré.

Ki-Kéou apprit de la bouche de son fiancé le nombre des livres canoniques et les principales vérités qu'ils contiennent. Dans le Chou-King il y a cinquante chapitres relatifs aux époques de Yao, de Choun et de Yu. Dans le Chi-King il y a des hymnes par centaines, il y a des odes par milliers. Dans le Y-King il y a tous les modes de divination employés par les thaumaturges anciens. Dans le Li-Ki sont les précieux rites, les inestimables règles de cérémonie. Mais à ces règles il fallait en ajouter d'autres ; il fallait multiplier les rites, codifier et recodifier les cérémonies. Il fallait faire une compilation de tous les livres, couper soigneusement ce qui n'était pas conforme à la convenance et à l'équité, ajouter les traditions aux traditions, bâtir un monument de préceptes, édifier un code fabuleux de toutes les prescriptions et de toutes les lois, dresser une gigantesque montagne de textes historiques et moraux.

Ki-Kéou fut bien effrayée d'apprendre que cette tâche appartenait à Confucius. Elle souriait et approuvait tout ce que disait son fiancé et elle était remplie d'admiration. Mais après, elle avait bien mal à la tête. Il lui semblait que les Livres sacrés étaient placés sur sa poitrine et l'étouffaient et, quand elle jouait du luth, ses doigts étaient moins légers et sa musique était moins belle comme si un génie caché qui aurait été son compagnon se fût envolé de son atmosphère.

*
* *

Quel est donc ce bruit dans la rue ? demanda Confucius, au milieu du repas de mariage.

Et Tchang, le gardien de la maison, s'avança en riant et dit :

— C'est le boiteux Mong-Pi qui est tellement heureux de votre mariage qu'il fait mille plaisanteries étonnantes dont se réjouissent les enfants.

— Fais-le entrer dans la cour, répondit Confucius, et donne-lui à manger et à boire.

On parlait tellement de bonheur autour de Ki-Kéou que celle-ci s'accusait de ne pas en éprouver davantage. Et elle s'accusait aussi d'une sorte d'appréhension, d'un désir de s'en aller loin analogue à ce que doivent éprouver les oiseaux quand ils se sentent pris dans la glu.

Et elle se reprocha d'éprouver encore cela lorsque, seul avec elle, sous la glycine du jardin, Confucius lui dit avec une tendre solennité :

— Il y a trois bonheurs que procure le mariage et que nous allons connaître à loisir. La douceur de l'amour mutuel — et il lui serra tendrement la main, — la noblesse des vertus familiales — et il leva un doigt vers le ciel, — la beauté du devoir conjugal — et il baissa modestement les yeux.

Que de nobles qualités reflétait son visage : Bonté naturelle, amour des parents, respect de la famille, désir de perpétuer sa race, désir d'enseigner le bien aux hommes. Ki-Kéou sentait tout cela et elle pensait que son cœur devait être foncièrement, irrémédiablement mauvais pour éprouver cette envie de fuir. Ah ! la solitude avant l'aurore, dans le vieux jardin plein de mauvaises herbes, où les gouttes de rosée recouvraient d'étoiles les arbres ! Plus jamais elle ne retrouverait cela ! Une vie inéluctablement vertueuse l'attendait. Mais la première heure nocturne lui en paraissait bien difficile à vivre !

Un secours lui vint pourtant.

Elle s'était étendue sur le lit, elle avait entr'ouvert sa robe et placé sur son visage le plus docile sourire possible. Dehors on entendait des cris et des rires et la clarté des lanternes illuminait tristement la pièce.

Alors Confucius s'étant dévêtu, comme il convenait, fit une génuflexion, selon le rite, devant le lit où il allait se rapprocher de son épouse et accomplir l'acte familial essentiel.

Ki-Kéou, les yeux fermés, entendit quelque part résonner un luth qu'elle connaissait, un luth fraternel qui lui apportait une petite aide, presque rien, tout ce que peut faire contre ces dieux vainqueurs appelés ordre social, vertu, famille, la fantaisie peu raisonnable, la rêverie inutile, la camaraderie des poètes qui ne se connaissent pas.

LE PRÉSENT CACHÉ DE LA MUSIQUE

Cette année-là fut une année d'abondance pour les récoltes. Comme contrôleur des greniers publics, Confucius fut appelé à créer un dépôt de grains supplémentaire qui devait servir de réserve pour les temps de disette.

Profitant des pleins pouvoirs qu'il avait reçus du roi de Lou, il décida d'établir ce dépôt dans une partie des maisons de la rue basse de la ville dont il indemniserait les habitants. Il purifierait ainsi, par la saine présence du grain, ce quartier qui était la honte du Tséou.

La maison qu'avait habitée Lu et où Mong-Pi vivait maintenant solitaire, faisait partie des maisons que l'on devait transformer. Quand

Mong-Pi sut ce qui avait été décidé, il déclara que plutôt que d'abandonner son vieux toit incliné il préférait être enseveli sous les grains, et il lança au loin les taëls d'argent qu'on lui apporta de la part du contrôleur des greniers publics.

— Je suis en présence d'un conflit de devoirs, dit Confucius lorsqu'il fut informé de la chose.

Il médita quelque temps.

— La raison de l'État doit passer avant la raison d'un individu, même si celle-ci s'appuie sur les plus nobles sentiments, puisque l'État est la réunion de tous les individus et par conséquent de tous les nobles sentiments.

Et il donna l'ordre d'expulser Mong-Pi, en veillant toutefois à ce qu'il ne se précipitât pas sous les grains pour être étouffé, selon sa promesse.

Mong-Pi coucha désormais à la belle étoile. Il n'avait emporté de sa maison qu'un morceau de bois qu'il avait grossièrement sculpté et qui représentait sa mère Lu. Et il continua à accomplir maintes actions déraisonnables, à chanter et à rire sans motif, et à pleurer quelquefois quand il était en haut de la colline, à côté du tertre, parmi les genévriers.

Et Confucius grandit en sagesse, en vertu et en connaissance. Sa renommée fut bientôt telle, malgré son jeune âge, que beaucoup de gens venaient de loin pour entendre sa parole, étudier l'histoire et la morale avec lui. Il fut à la fin obligé d'ouvrir une école et il eut des disciples.

Il s'aperçut un jour qu'un étrange amour de la musique lui était venu. Il ne savait pas comment. Mais il était certain que les sons harmonieux développaient en lui le goût de la vertu. Il alla étudier le luth avec un grand musicien qui s'appelait Siang, et il devint vite un artiste consommé. Toutefois il établissait une grande différence entre la musique correcte et celle qui ne l'était pas, celle qui fait tendre à la perfection et celle qui développe des passions déréglées.

A cause de cette différence il fut obligé d'interdire à son épouse Ki-Kéou de se lever avant l'aurore pour aller jouer du luth dans le jardin. D'abord parce qu'il n'était pas convenable de faire de la musique quand tout le monde dort encore, ensuite parce qu'il y avait dans les airs qu'elle jouait une certaine langueur, quelque chose d'ailé et de magique qui ne convenait pas à l'épouse d'un contrôleur des greniers publics.

Il acheta à Ki-Kéou, pour qu'elle jouât à des heures normales les airs qu'il lui indiquait, toute une variété de luths neufs qu'il fit venir de la capitale du royaume de Lou.

Mais Ki-Kéou ne savait jouer qu'avant l'aurore et sur son ancien luth de jeune fille. Elle se résigna, car on n'a jamais vu de révoltes d'oiseaux dans les cages. D'ailleurs elle était enveloppée par la bonté de Confucius comme par un filet de soie blanche. Elle l'admirait et elle disait :

« Il m'a comblée. Je lui dois tout. Et moi je n'ai rien pu lui donner de ce qu'il aime, ni textes sacrés, ni hymnes religieux, ni paroles des anciens empereurs ! Comment pourrais-je jamais m'acquitter ? »

Elle ne savait pas qu'elle lui avait donné pourtant le plus inestimable des présents. C'était avec les harmonies de son luth que s'était insinué dans l'âme de Confucius, par d'invisibles vibrations subtiles, l'amour de la musique dont il faisait tant de cas. Et lui l'ignorait aussi, car les hommes ne peuvent pas croire que le meilleur de leur âme, le germe de leur sagesse et de leur art, ce sont les femmes ignorantes qui le leur apportent.

*
* *

Un jour que Confucius s'entretenait en marchant dans la campagne avec Tseu-Lou et Tseu-Kong, jeunes hommes riches qui étaient venu s'installer à Tséou pour écouter ses enseignements, il vit sur le chemin paraître Mong-Pi.

Mong-Pi boitait plus qu'à l'ordinaire et semblait très las. Il s'agenouilla devant Confucius :

— Puisque tu m'as tout pris, dit-il, prends aussi mon âme et transforme-la. Enseigne-moi la sagesse. Je veux être ton disciple.

— Je ne demande pas mieux que de t'instruire et de te réformer, dit Confucius, mais pourquoi dis-tu que je t'ai tout pris ?

Mong-Pi se tut.

Confucius réfléchit et, se tournant vers Tseu-Lou et Tseu-Kong, il ajouta :

— Peut-être a-t-il raison. La substance de la sagesse est faite avec la substance de la folie.

TAO

Ce fut un léger souffle, une haleine, qui palpita près du visage de Lao-Tseu. Il se leva et il suivit un je ne sais quoi d'invisible qui le précédait.

Le palais des Esprits de la terre était désert et le soir qui allait venir alourdissait les arbres du jardin. Loa-Tseu se dirigea sans hésiter vers le grand bloc de marbre noir qui soutenait le palais du côté du soleil levant. Il y avait là une antique dalle de pierre et il pensa tout de suite que c'était sous cette dalle qu'il fallait chercher.

Il prit une bêche de jardinier et il commença à creuser. Mais il s'aperçut bientôt que le dalle basculait. Elle recouvrait un espace vide où reposait un coffre de bronze rongé par le temps. Sur le coffre était le nom de Fo-Hi.

Lao-Tseu, tremblant d'émotion, prit le coffre dans ses bras et, pieusement, il le transporta dans le palais. Dans ce coffre, sans doute, avaient été déposés par Fo-Hi les secrets sur la destinée de l'homme avant sa naissance et après sa mort. Celui qui avait remplacé le langage des nœuds noués à des cordes, par l'écriture, celui qui avait apprivoisé les six sortes d'animaux domestiques allait lui transmettre la connaissance suprême d'où toutes les connaissances découlent.

Lao-Tseu ouvrit le coffre et il regarda.

Immaculé comme la vérité, embué comme le mystère dont elle est enveloppée, il y avait, dans le coffre de bronze souillé par la terre, un bloc de jade azuréen. Dans sa douceur était la bienveillance de la race et ses qualités excellentes. Dans son poli brillait l'intelligence des premiers empereurs, dans son compact leur fermeté, dans son éclat uniforme leur droiture. Et ce jade resplendissait, dans la certitude de son bleu parmi les voiles des nuances exquises, pareil à l'esprit divin de l'homme, sous la terrestre écorce de la forme.

Un mot, un mot unique était gravé sur le jade.

Vainement Lao-Tseu le retourna dans tous les sens, admirant la fluidité spirituelle de la pierre essentielle que le règne minéral produit comme les gouttes de son âme, dans l'espoir de trouver un autre texte complémentaire.

Il n'y avait que l'unique mot qui se suffit à lui-même, le verbe du commencement et de la fin, et ce mot était :

— Tao.

Lao-Tseu posa le bloc de jade sur le sol et s'agenouilla devant lui.

Le soleil tombait au loin et de tous côtés la lumière se leva.

— O innommable, dit-il, toi qui es sans forme, toi qui ne te mesures pas avec le temps, toi que ne borne pas l'espace, que le verbe ne désigne pas, je suis toi, je suis sorti de ton souffle, j'ai été mesuré par le temps, borné par l'espace, je me suis exprimé avec le verbe et j'aspire à disparaître dans ton inconnaissable aspiration.

J'étais déjà né avant la manifestation d'aucune forme corporelle. J'apparus avant le suprême commencement. J'ai agi à l'origine de la matière simple et organisée. J'étais présent au développement de la masse première. Je me tenais debout sur le faîte du grand océan primordial et je planais au milieu du vide et du ténébreux. Je suis entré et je sortirai par les mêmes portes de l'immensité mystérieuse de l'espace.

J'ai été projeté dans l'innumérabilité des vies. Des millions de fois, je me suis modelé différemment. Réjoui et affligé de ma séparation j'ai tourné dans le cercle. Mais maintenant la lumière conductrice m'a été transmise. Je connais la parfaite perfection initiale où je dois tendre et, né de l'essence unique, je dormirai enfin à l'état de veille dans l'essence unique.

CONFUCIUS ET LAO-TSEU

LA PREMIÈRE CARPE

L'important contrôleur des greniers publics était installé dans la capitale du royaume de Lou et c'est là que Ki-Kéou mit au monde un enfant. Cet enfant naquit d'une taille étrangement exiguë, la nature voulant marquer par là l'insignifiance que garde toute sa vie le fils d'un grand homme.

Et Confucius s'en réjouit, car il est dans l'ordre commun de mettre au monde des enfants par le moyen pieux du mariage. Ainsi les races se perpétuent et il n'est pas d'action plus recommandable que celle qui consiste à augmenter le nombre des créatures vivantes sous le soleil.

Et il arriva à l'occasion de cette naissance un événement d'une importance extrême qui jeta dans le cœur de Confucius une joie presque aussi grande que la joie de la naissance elle-même.

Le roi de Lou, afin de marquer la sympathie qu'il éprouvait pour l'excellent fonctionnaire des greniers publics devenu père, lui envoya comme présent, le jour du repas rituel, une carpe, une belle carpe de rivière.

Confucius s'entretenait avec Tseu-Lou et avec Tseu-Kong dans la cour de sa maison, quand le messager porteur de la carpe arriva. Confucius fit d'abord une génuflexion devant le poisson et puis son visage s'illumina et il laissa éclater une joie mesurée mais qui semblait venir de la source des véritables allégresses.

Tseu-Lou et Tseu-Kong crurent d'abord qu'il y avait là une ironie à cause de la modestie dérisoire de ce présent. Ils le considéraient eux-mêmes comme une offense et ils allaient montrer leur indignation pour l'ingratitude du souverain. Mais ils s'arrêtèrent à temps. La joie de leur maître était sincère. Car plus les hommes sont puissants et plus leurs dons peuvent être légers. Ceux qui vénèrent la puissance se contentent du peu qu'elle accorde, car ce peu vient de la puissance.

Confucius envoya Tchang faire de nouvelles

invitations pour le repas rituel. Ne fallait-il pas faire profiter le plus d'amis possible d'une nourriture donnée par le roi? Et, pour commémorer la faveur qu'il avait reçue, il appela son fils Pe-Yu, c'est-à-dire le premier poisson, la carpe étant le premier des poissons, puisque le roi vous en fait cadeau.

Et, dans ce jour de satisfaction, il arriva à l'occasion de ce repas et de cette carpe un événement d'une importance extrême qui jeta dans le cœur de Confucius une tristesse presque aussi grande que la joie de la réception de la carpe.

Soit qu'elle ne se rendît pas compte de l'honneur reçu, soit qu'elle n'aimât pas la chair de ce poisson, malgré l'ordre de son époux, Ki-Kéou refusa de manger de la carpe. Ainsi les femmes révèlent parfois des instincts sauvages de révolte et de désordre et n'honorent pas ce qui doit être honoré.

Confucius connut que son épouse Ki-Kéou n'avait pas au plus humble degré le sentiment des hiérarchies; il eut la révélation de son infériorité.

A ce repas, le disciple Mong-Pi n'avait pas été invité, parce qu'il mangeait mal.

EXERCICE DE LA PIÉTÉ FILIALE

Comme la tradition de la piété filiale dans l'empire, la santé de la mère de Confucius déclinait. Elle mourut dans l'année Koci-Yeou et Confucius, qui l'avait tendrement aimée, la pleura. Mais le sort des grands hommes est rigoureux, il faut que leur douleur elle-même serve d'exemple aux autres hommes.

L'antique cérémonial voulait qu'à la mort du père ou de la mère, le fils s'interdît toute fonction, qu'il s'enfermât chez lui durant trois années sans sortir une seule fois, pour se consacrer à sa douleur. Cette tradition redoutable, qui causait souvent la ruine de ces familles volontairement captives, n'était plus observée que rarement.

Lorsque sa mère fut enterrée selon les rites, les pieds au midi et la tête au nord, à l'abri des animaux carnassiers, dans un cercueil enduit de vernis et de quatre pouces d'épaisseur, Confucius déclara qu'il comptait observer le deuil rigoureux des anciens, qu'il se faisait une obligation de se démettre de son emploi et il passa la porte de sa maison pour ne plus la repasser durant trois années et demeurer avec l'esprit de sa mère.

Les rites pieux prescrivaient que l'épouse et le fils de l'épouse devaient agir comme l'époux, et, auprès de Confucius, Ki-Kéou fut donc enfermée avec l'esprit de sa belle-mère.

La maison se trouvait à l'extrémité d'un faubourg et elle était assez vaste pour qu'on y méditât tranquillement, mais assez petite pour qu'on y connût l'ennui sans fin. Les dalles de la cour intérieure étaient sombres et usées par des pieds d'antiques habitants de Lou, et quand Ki-Kéou, à mille reprises, les eut comptées, elle n'eut plus le courage de recommencer. Le jardin expirait aux pieds des remparts de la ville et ces remparts, faits de blocs massifs, étendaient sur le jardin une ombre si lourde que, quand Ki-Kéou traversait cette ombre, elle en demeurait pénétrée intérieurement comme si l'ombre avait aussi envahi son âme.

La mère de Confucius avait été une brebis dévouée, de l'espèce de celles qui marchent dans leur laine épaisse les yeux obstinément tournés vers la terre et qui ne voient pas les oiseaux voler autour d'elles. Elle avait à peine vu Ki-Kéou, mais elle avait été importunée par son vol et elle l'avait montré en regardant obstinément vers la terre avec la désapprobation du silence et en ayant l'air d'ignorer son existence.

Lorsque Ki-Kéou fut prisonnière de la maison en bordure des remparts et du jardin à l'ombre lourde, elle commença à entendre la voix de celle qui ne lui avait presque jamais adressé la parole de son vivant.

— Mauvaise bru, tu n'es pas triste de ma mort !

Syllabes sans inflexion tombant de l'unique mûrier du jardin que l'ombre du rempart ne pouvait atteindre et près duquel Ki-Kéou aimait à s'asseoir.

— Mauvaise mère, ton fils Pe-Yu ne suffit pas à ton bonheur.

Souffle verbal qui glissa sur le balcon de bois peint où elle regardait quelquefois passer le porteur d'eau et l'ânier conduisant un âne chargé de riz.

— Mauvaise épouse, tu ne sais pas consoler ton mari !

Cela monta des dalles de la cour. Dans la salle qui était au fond, il y avait l'autel des ancêtres et une lampe y faisait une clarté rouge, dans le crépuscule. Devant l'autel Ki-Kéou perçut Confucius sous sa robe jaune, prosterné, qui priait ou qui méditait. Son dos paraissait énorme, trapu, assez puissant pour porter le poids de la maison et même celui de la ville, avec ses remparts.

Oh ! non ! Elle ne savait pas consoler son mari ! Cet autel des ancêtres était terrible avec sa lampe qui la fixait comme un œil unique. Il ne s'agissait pas de consoler, d'être une bonne mère, une bru pieuse. Il s'agissait de ne pas avoir peur, de ne plus vivre avec une morte qui vous parle, de sortir du temple glacé, d'être quelque part où l'on a un peu chaud au cœur.

Ce soir-là Ki-Kéou se mit à courir dans tous

les sens, à fuir en rond dans le jardin et la maison pour échapper à l'accusatrice invisible et atteindre la région où vivent les hommes. Ses ailes heurtèrent la porte d'entrée et c'est là où elle défaillit pour se retrouver dans les bras du gardien Tchang, sous l'œil attristé de Confucius.

— L'amour mutuel comporte des charges, dit-il. Mais l'obéissance à son devoir procure à la longue la plus pure joie. Il ne s'agit que de s'habituer à cette obéissance.

Et le lendemain elle trouva à l'endroit de sa chambre où elle avait l'habitude de se tenir un exemplaire du Y-King, le plus abstrait des livres canoniques, affectueuse attention de son mari pour la distraire.

Ki-Kéou chercha à s'habituer. Mais on s'habitue à tout, sauf à la peur. Elle ne pouvait plus s'asseoir sous le mûrier ; elle ne pouvait plus marcher dans la cour, regarder les porteurs d'eau et les âniers sur le balcon, à cause de la voix sans timbre, à cause de l'occulte présence, à cause de ce compagnon sans visage qui l'accompagnait dans la maison.

Elle ne s'habitua pas, mais elle obéit. Son sang

ne courut plus dans ses veines avec la même ardeur, ses joues pâlirent, ses yeux se creusèrent. La beauté du corps la quitta comme vous quitte un ange à qui l'on ne donne pas l'aliment azuréen dont il se nourrit.

Penché sur les livres sacrés, Confucius se disait, quand il pensait à Ki-Kéou :

— Elle n'est pas intelligente, mais elle pratique la seconde vertu qui est l'obéissance.

LE LUTH BRISÉ

Et un matin, à l'heure où le soleil n'est pas encore levé, Ki-Kéou, qui ne dormait pas, résolut de lutter avec l'ombre ennemie. Et elle alla chercher son arme, le vieux luth dont elle jouait jadis dans le jardin aux herbes.

Elle descendit à pas de loup, traversa la cour silencieuse, passa sans se prosterner devant l'autel des ancêtres, s'avança, dans le ténébreux jardin, plus loin que le mûrier et alors se mit à jouer.

Elle joua des airs légers, des airs d'autrefois où il y avait des danses et des bouffées de chansons et des refrains de vagabonds. Elle savait que l'ombre rôdait autour d'elle avec ses accusations et ses malédictions, et elle se défendait avec ses airs, lui portait les coups de la musique, s'enveloppait dans le rêve de sa jeunesse comme dans une cuirasse de cristal aérien.

— Mauvaise bru ! mauvaise mère ! mauvaise épouse !

Oui, elle était tout cela. Elle le savait bien, et c'était de se savoir si mauvaise qu'elle dépérissait un peu plus chaque jour et que la délicieuse expression suave de ses traits avait disparu. Mais, pour une fois, elle savourait l'ivresse spirituelle du crépuscule d'avant l'aurore dans le tourbillon léger de la musique.

Un pas rapide retentit dans le jardin. Elle s'arrêta de jouer. Confucius était devant elle.

Il sentait la gravité et l'étendue de son devoir, le devoir de diriger vers le bien une âme faible, celui de réprimer l'inconvenance. Il éprouvait une tristesse sincère de s'apercevoir que Ki-Kéou n'avait pas compris ses enseignements, ne possédait pas la seule vertu qu'il lui attribuait : l'obéissance.

— C'est ainsi que tu honores l'esprit de ma mère morte, dit-il avec sévérité. Tu n'hésites pas à violer la majesté du deuil et à contrecarrer par un scandale nocturne le bel exemple que je veux donner. Pour agir ainsi tu n'aimais donc pas ma mère ?

Ki-Kéou regardait Confucius aussi terrifiée que si elle avait été en présence du juge qui pèse les actions humaines dans les enfers.

— Non, murmura-t-elle doucement.

Les yeux de Confucius plongèrent avec horreur dans les yeux innocents de Ki-Kéou comme dans l'abîme monstrueux du Chaos aux jours lointains où le mal naquit de la matière en désordre. Il saisit le luth, emblème de la révolte, des actions incompréhensibles, de l'art insensé en lutte contre la vertu, et il en brisa d'un seul coup toutes les cordes. Puis il le jeta à terre avec colère.

Ki-Kéou poussa un faible cri, pareil à celui d'un oiseau qui meurt, et elle croisa ses mains effilées sur sa poitrine amaigrie.

Honteux de ce geste, indigne d'un sage, Confucius s'éloignait déjà à grands pas.

Insensiblement le jardin s'éclaira d'une lumière confuse comme la conscience d'un oiseau. Les remparts commencèrent à étendre leur ombre pesante. Au loin résonna la clochette d'un bonze.

Juste en cet instant la tête de l'errant Mong-Pi apparaissait au-dessus du mur de terre qui entourait le jardin. Il y avait si longtemps qu'il n'avait pas vu Ki-Kéou ! Il savait qu'elle était enfermée dans la maison du deuil. Il voulait apercevoir une seconde le beau visage d'où s'était dégagé, comme une vapeur qui s'élève d'un lac bleu, le premier rêve de sa jeunesse.

Il vit les traits émaciés, le corps grêle, le luth brisé. C'était, dans le jardin sans joie, le fantôme dépouillé de beauté de celle qu'il avait aimée. Le dos de Confucius disparaissait du côté de la maison, arrondi comme la politesse, écrasant comme la vertu.

Mong-Pi se laissa retomber dans la rue. Au pied du mur de terre, accroupi, il pleura longtemps.

Quelle terrible loi humaine ! Celui qui recherche la sagesse perd en même temps la beauté. Est-ce que la folie ne vaut pas mieux ?

LES TROIS SAGES DE LA TERRE

En ce temps-là, la Chine, couleur d'albâtre au soleil couchant, traversait des jours de décadence. On laissait s'écrouler les monuments, les administrations se désorganisaient, l'empire était morcelé. Par une singulière coïncidence, tous les souverains naissaient incapables ou avec une tare qui rongeait leur intelligence. L'empereur King-Wang était futile et ne s'intéressait plus qu'aux insectes et au plumage des oiseaux. Le roi de Tsi était cruel et faisait mourir par plaisir. Le roi de Lou n'aimait que l'art.

Et après les frontières de la Chine, par delà les déserts occidentaux, dans les immenses régions chaudes de l'Inde couleur émeraude où le Gange descend entre les jungles et les forêts vierges, les peuples étaient malheureux à cause de la captivité de leur âme. Les prêtres, sous la menace des Dieux, les avaient enfermés dans d'étroites castes et le ciel de l'Inde était bas sur eux et la mort ne les délivrait pas à cause du recommencement éternel des vies.

Et par delà le fleuve Indus, et par delà le fleuve Oxus, sur les rivages de la Grèce couleur de marbre au soleil levant, sur toutes les terres que baigne la mer couleur de saphir, la mer des barques phéniciennes et des trirèmes de Carthage, il y avait chez les hommes aux yeux clairs et à la barbe frisée l'attente anxieuse de la parole nouvelle qui rend plus apte à penser, du verbe qui fait aimer par la lumière de l'explication.

Lao-Tseu était né en Chine. A Kapilavastu, en pays Cakia, naquit le prince Siddartha, qui fut appelé le Bouddha, et de l'île de Samos, pour s'en aller de ville en ville et de temple en temple, partit Pythagore. Grâce à lui les belles formes en puissance dans la pierre se muèrent en statues, les spéculations éparses devinrent des systèmes philosophiques, des étincelles d'intelligence s'allumèrent sous les portiques des agoras depuis Memphis jusqu'à Corinthe, depuis Syracuse jusqu'à Athènes.

Dans le même temps résonna la voix de ces trois sages. Quand le trésor spirituel de l'humanité est en péril, alors paraissent ceux qui doivent le sauver. Peut-être y avait-il un péril secret et c'est pourquoi les êtres les plus élevés dans les hiérarchies humaines, les Seigneurs du monde, envoyèrent ces trois messagers pleins d'amour et de science.

Mais ils ne se connurent pas. Ils se pressentirent seulement. Ils s'appelèrent dans le silence des méditations. Il ne triomphèrent pas de la solitude imposée aux prophètes, de la limitation de la forme physique. Chacun dut accomplir sa tâche tout seul, subir la lenteur de l'enfance, supporter les peines et les travaux, les ingratitudes et les haines, passer la porte de la mort sans avoir la récompense du résultat.

Car la loi est une pour tous, pour les plus grands comme pour les plus petits.

LE DISCIPLE SIU-KIA

Dans le palais des Esprits de la terre Lao-Tseu vivait avec un seul serviteur qui s'appelait Siu-Kia. Une solitude de plus en plus grande l'entourait, car, à l'imitation de l'empereur, autant par flatterie que par un naturel penchant, toute la cour était devenue futile. Les lettrés allaient de plus en plus rarement s'entretenir avec Lao-Tseu, personne ne désirait la connaissance des livres, le vieux palais reposait dans une atmosphère d'abandon.

Le serviteur Siu-Kia était un homme simple et taciturne. Lao-Tseu ne l'instruisait pas. Mais même quand il ne parle pas, l'homme sage, par sa proximité, donne une instruction secrète qui n'a besoin ni d'écriture ni de mots. Siu-Kia, gardien des livres, compagnon des heures d'étude, devint un disciple plus qu'un serviteur.

Il cessa peu à peu de raccommoder la vieille robe de son maître, de balayer sa chambre, de secouer la natte où il dormait. Le jardin autour du palais devint inculte parce que Siu-Kia méditait. Il n'était plus susceptible que de l'effort d'aller chercher le riz, pour la nourriture, de l'autre côté du fleuve et de le faire cuire. Lao-Tseu avait pris l'habitude de puiser lui-même l'eau du puits, pour ne pas interrompre la méditation de son serviteur.

La poussière s'accumula dans le palais. Les oiseaux nocturnes emplirent les salles du battement de leurs ailes et firent leur nid sur les colonnes de jaspe. Des plantes jaillirent entre les dalles des seuils et obstruèrent les portes. Un cyprès s'abattit dans la grande avenue comme pour en interdire le chemin aux derniers visiteurs. Il y eut dans le jardin un pullulement de végétations plus denses comme si la nature avait voulu donner au sage et à son disciple une plus parfaite solitude.

Et, assis sur les pierres branlantes ou sous les entrelacements de bambous, l'archiviste de l'Empire expliquait bienveillamment à son serviteur le mystère du Tao et ses propres idées devenaient plus claires par la magie de l'expression. Siu-Kia connut que le Tao est la raison suprême, l'essence primordiale, la voie où chemine l'esprit, l'esprit en mouvement, et il connut que le Te est le deuxième aspect du Tao, la vertu suprême, l'idéale perfection, l'amour en mouvement qui permet à l'esprit de l'homme d'être absorbé par le Tao, l'essence divine.

Plus Siu-Kia pénétrait la vérité et plus il devenait immobile, car, selon les enseignements de son maître, c'est par la méditation que l'on arrive à connaître le Tao. En sorte que Lao-Tseu, qui ne voulait pas nuire au développement de son disciple, partait à l'aurore chercher le riz de l'autre côté du pont, le faisait cuire pour le repas et recousait parfois la robe de Siu-Kia quand elle était trop déchirée.

Et un jour Lao-Tseu dit à Siu-Kia :

— Il est rapporté dans les Livres qu'il y a bien longtemps l'empereur Mou-Wang a fait un voyage à la montagne Kouen-Lun située à l'Ouest. Là il connut celle qu'il appelait la fille du roi occidental et, sur le lac Yao, ils naviguèrent ensemble en chantant alternativement, pour se plaire. Mou-Wang avait amené douze philosophes, qui rapportèrent la connaissance des arts magiques et des sciences cachées. J'ai toujours pensé que dans les pays de l'Ouest, après la montagne Kouen-Lun, il y avait un lieu inaccessible où vivent des hommes d'une sagesse parfaite, héritiers des secrets perdus des races anciennes, qui ne sont plus soumis à la transformation de la mort et s'efforcent de diriger l'humanité dans la voie de l'esprit. Or, cette nuit, j'ai fait un rêve. J'ai vu, assis sous un figuier, un homme qui avait un visage rayonnant, empreint d'une ineffable bonté et qui méditait. J'ai retrouvé dans son regard une expression que j'ai vue souvent dans mes propres yeux, quand il m'est arrivé de me mirer dans l'eau d'un étang. Le paysage qui entourait le figuier et l'homme rayonnant me fait augurer par sa richesse luxuriante que c'est un paysage des pays d'au delà les montagnes de l'Ouest. Je suis trop vieux pour aller si loin. Mais peut-être toi, qui es jeune et fort, voudras-tu t'en aller là-bas et t'enquérir des enseignements de cet homme merveilleux qui, j'en suis certain, appartient au groupe des merveilleux sages solitaires qui dirigent les hommes par l'esprit et a été envoyé par eux.

A peine Lao-Tseu avait-il dit ces mots que Siu-Kia était debout :

— O maître, je vais partir sur-le-champ. J'atteindrai le mont Kouen-Lun et les royaumes qui sont à l'Ouest; je verrai l'homme merveilleux et je te rapporterai ses paroles.

Il prit un bâton, fit une boule avec du riz bouilli et pressé et la noua sur son dos. Mais il hésita :

— Qui prendra soin de toi ? Qui préparera ta nourriture en mon absence?

Lao-Tseu sourit :

— Ceci est peu de chose. Mes besoins diminuent chaque jour. Tu vas chercher pour moi, au loin, une nourriture divine.

Et bien des jours s'écoulèrent. Chaque matin, sous l'aspect d'un très pauvre homme, l'archiviste de l'empire se rendait au marché acheter quelques légumes. Aucun lettré ne le visitait plus. Il ne voyait à chaque nouvelle lune que le fonctionnaire chargé de lui verser ses appointements. Il se réjouissait de sa solitude. Le palais des Esprits de la terre était de plus en plus pour les habitants de Lo-Yang ennuyeux comme la science, redoutable comme la vérité.

Très souvent Lao-Tseu interrompait ses méditations et regardait anxieusement la grande avenue de l'inculte jardin, avec l'espoir d'y voir apparaître la silhouette de son disciple Siu-Kia.

LES VOYAGES DE CONFUCIUS

La célébrité de Confucius se répandait dans l'empire par le moyen des conversations comme l'eau du fleuve Hoang-Ho se répandait dans les cultures par le moyen des canaux d'irrigation.

Lorsque le temps de son deuil fut terminé, Confucius dit à Tséu-Lou et à Tseu-Kong :

— Je ne peux consacrer à une épouse qui n'a pas de piété filiale une sagesse qui sera utile à tout l'empire. Parce que mon âme est aussi inaccessible à une pensée mauvaise qu'un morceau de jade à la morsure d'une fourmi, les princes m'appellent auprès d'eux pour me demander des conseils. Je compte répondre à leur appel. Peut-être s'en trouvera-t-il un qui me choisira comme ministre pour que j'instaure parmi son peuple le règne de la vertu.

Alors commencèrent les voyages de Confucius. Il les faisait avec lenteur sur un chariot recouvert de toile et traîné par un bœuf, car la sagesse chemine sans hâte. Quelques disciples l'accompagnaient et c'était Mong-Pi qui préparait le repas quand on s'arrêtait sur une prairie au bord d'une rivière et qui poussait le chariot quand les montées étaient trop rudes.

Le roi de Tsi reçut Confucius avec magnificence et fit semblant de le consulter sur divers sujets de politique. Mais c'était un homme cruel qui ne croyait qu'au mal et qui le chérissait. Il fut stupéfait d'apprendre de la bouche de Confucius que la bonté est native chez l'homme et que le devoir du prince est de la développer en lui et chez ses sujets. Il aurait voulu faire mourir le sage et ses disciples, mais il n'osa pas et se contenta de les éloigner.

Le roi de Wei offrit à Confucius un palais comme demeure et s'entretint plusieurs fois avec lui. Mais c'était un homme timoré, tellement ennemi des nouveautés qu'il fut effrayé même par un sage qui se montrait novateur en faisant profession de bannir les nouveautés et de revenir aux usages des anciens. Au bout de quelque temps il assigna à Confucius un palais plus somptueux que le premier, mais dans un lieu montagneux, éloigné de la ville, et où l'on ne parvenait que par un chemin défoncé que la pluie rendait impraticable. Confucius fut obligé d'en partir à l'automne, sous peine de s'y trouver bloqué durant des mois.

Le roi de Thsou vint à son devant et se tint debout pour l'accueillir sur le pont qui marquait la frontière de son royaume. Mais c'était un homme borné qui ne comprit rien à ce que lui dit Confucius. Il fut timide devant lui et ne sut que lui répondre. Pour ne plus avoir le sentiment pénible de son infériorité, il se refusa à un nouvel entretien et il lui fit dire que cet entretien n'aurait lieu que quand il se serait bien pénétré des enseignements de la première conversation et quand il en aurait assimilé la substance. Cependant il lui offrit un palais spacieux comme habitation et il lui envoya chaque jour une nourriture abondante.

De tous les côtés, des jeunes hommes accouraient qui voulaient être les disciples du sage et écouter ses leçons. Les mandarins donnaient des réunions en son honneur et, quand il traversait un village, le peuple était rassemblé le long de la route pour le voir.

Confucius décida d'aller visiter la capitale de l'empire où bien des lettrés le réclamaient. Lia-Yu, le fils d'un grand du royaume de Lou qui possédait une des plus importantes fortunes de la Chine et qui venait de s'enrôler parmi les disciples, s'offrit pour faire les frais de ce voyage. Le roi de Thsou fut ravi de cette décision et envoya un char neuf avec des chevaux comme présent.

Il décida, de plus, qu'une escorte accompagnerait Confucius, car les routes étaient infestées de brigands.

La veille de ce départ, Confucius délibéra avec Tseu-Lou et Tseu-Kong pour savoir quelle conduite il fallait tenir au sujet de Mong-Pi. Mong-Pi fréquentait les endroits mal famés et avait recommencé à s'enivrer. Il était grossier et d'aspect sordide. Il ne semblait avoir fait aucun progrès en sagesse et en vertu depuis qu'il était admis à écouter Confucius. En somme, il n'était guère plus intelligent que le roi de Thsou. Beaucoup d'hommes convenables s'étonnaient qu'une telle créature vécût dans le sillage d'un aussi grand sage.

— Il pratique la vertu filiale, répétait Confucius hésitant.

— Mais il la pratique contrairement aux rites, répondait Tseu-Lou, en faisant des contorsions et des grimaces devant un morceau de bois qu'il plante en terre. C'est davantage déshonorer la vertu filiale que la pratiquer. Lia-Yu, qui est un jeune homme délicat, est écœuré par les manières et par le costume de cet éternel mendiant qu'est Mong-Pi. Or, nous allons lui avoir des obligations. Si la sagesse est toujours du côté des convenances, je crois que les convenances veulent que Mong-Pi soit banni de la compagnie des sages.

Il en fut décidé ainsi.

Le départ de Confucius fut une apothéose. Tous les lettrés de Thsou étaient groupés devant sa porte; l'on fit des discours et l'on jeta des fleurs sur ses pas. Ses disciples défilèrent derrière lui au milieu des bravos.

Pour participer à cet éclat, Mong-Pi avait coupé un grand bâton neuf sur lequel il s'appuyait et auquel il avait laissé une branche verte couverte de feuilles. Il pensait par ce détail printanier compenser la triste apparence de son costume et figurer honorablement au dernier rang des disciples du maître.

Mais Tseu-Lou lui signifia les ordres formels de Confucius. La pratique de la vertu comporte une bonne conduite dans la vie autant que le respect des convenances dans son extérieur. Tant pis pour Mong-Pi qui l'avait oublié et se contentait d'un peu de feuillage au bout d'un bâton. Il ne serait pas du voyage. Il devrait rester avec ses pareils.

Il y avait longtemps qu'on était sorti de Thsou et le cortège, composé de voitures et de cavaliers, avait gravi une colline quand Tseu-Lou, en se retournant aperçut au loin la forme claudicante de Mong-Pi qui courait sur la route, dans la poussière.

Il le dit à Confucius et celui-ci fouetta les chevaux avec une certaine mauvaise humeur qui provenait peut-être du remords qu'il éprouvait.

Puis il murmura :

— La vertu a une image extérieure qui contraint notre cœur à certains sacrifices. Ainsi on est parfois obligé de perdre un chien fidèle, mais mal élevé.

ENTREVUE DE CONFUCIUS ET DE LAO-TSEU

Lao-Tseu se tenait droit au haut de l'avenue qui aboutissait au palais des Esprits de la terre. Comme chaque jour, il attendait son disciple Siu-Kia. Il vit, avec surprise une troupe de gens en train d'escalader le cyprès qui barrait de son tronc renversé la largeur de l'avenue. L'ancien ministre d'État Tchang-Houng conduisait cette troupe et, dans la personne autour de laquelle tout le monde s'empressait pour l'escalade du tronc de cyprès, Lao-Tseu reconnut, aux descriptions qu'on lui en avait faites, le célèbre Confucius.

L'homme de la solitude s'avança vers l'homme de la vie.

— Il n'est guère mieux vêtu que Mong-Pi, dit à voix basse Tseu-Kong.

Mais Confucius faisait déjà les génuflexions rituelles que l'on doit aux Maîtres. Il honorait en Lao-Tseu celui que l'empereur avait honoré du titre de gardien des archives de l'empire, celui qui vivait face à face avec les monuments de la pensée chinoise, celui qui s'était acquis une grande renommée de sagesse philosophique et qui était au-dessus de la futilité de la cour de Lo-Yang comme la tour de l'esprit pur.

Quand il se releva il ne put s'empêcher de garder sa tête un peu courbée en avant et il regretta tout à coup d'avoir mis une robe de soie fine et de porter autour du cou plusieurs insignes donnés par des souverains. Il ôta à la dérobée et il glissa dans sa ceinture un saphir de famille qu'il avait toujours à son petit doigt.

L'ancien ministre Tchang-Houng et les disciples s'écartèrent pour laisser les deux grands hommes s'entretenir de choses sublimes.

Confucius parla. Il dit ses projets de ramener les hommes au bien, de ressusciter les traditions anciennes, de faire revivre la vieille doctrine de pureté de Yao et de Chun.

Lao-Tseu l'écoutait en silence.

Mais comment faire régner le bien et la justice? Confucius pensait que si les princes et, à leur défaut, les ministres étaient bons et justes, le monde s'améliorerait vite.

Lao-Tseu se taisait toujours.

— N'ai-je donc pas raison, dit Confucius, avec le ton d'un homme qui se justifie d'une accusation qui n'a pas été formulée, moi qui aime le bien et voudrais le répandre, de rechercher la confiance d'un prince et de vouloir devenir son ministre?

Lao-Tseu fit signe que non en secouant la tête.

Mais, alors, que fallait-il faire? Assister les bras croisés à la décadence de l'empire, où s'écroulait la morale, où la vertu tombait en poussière? Quel était, d'après Lao-Tseu, le but de la vie?

— Atteindre la voie parfaite.

Et comment y parvenait-on?

Lao-Tseu montra la pierre où il avait coutume de s'asseoir.

— Par l'immobilité.

Confucius eut de la peine à ne pas hausser les épaules.

Ah! oui, la méditation! Mais à quoi servait cette

stérile envolée vers un ciel inexplicable. La méditation n'empêchait pas le mal de s'étendre et les hommes de souffrir.

J'ai passé des journées sans nourriture et des nuits sans sommeil pour me livrer à la méditation et cela sans la moindre utilité. L'étude est bien préférable.

Lao-Tseu sourit.

— Toutes les âmes n'ont pas la subtilité nécessaire pour méditer.

Eh bien ! Confucius en convenait ; il était un esprit grossier, terre à terre. Mais le terre-à-terre a du bon pour l'homme qui vit sur la terre. Il conseillait à ses disciples de ne pas s'occuper de l'incompréhensible ciel, mais de la terre excellente sur laquelle leurs pieds s'appuyaient avec certitude. Avait-il tort ?

Lao-Tseu lui fit signe de la tête qu'il avait tort.

Confucius sentit monter en lui une grande vague de mécontentement. Rien ne pouvait attaquer la pierre de sa certitude raisonnable. Il se trouvait en présence d'une autre certitude de pierre et il la jugeait insensée. Que deviendrait le monde si les sages s'asseyaient pour regarder l'inaccessible ciel et négligeaient de donner des enseignements moyens à l'usage des hommes moyens ?

—Alors, quel est, d'après vous, le fondement de la morale ? dit-il avec une certaine impatience.

— Il n'y a pas de morale, répondit Lao-Tseu, puisqu'il n'y a ni bien ni mal.

— Et les devoirs familiaux ?

— Ils sont nuisibles.

— Et les rites sacrés des anciens ?

— Ils sont inutiles.

— Et le respect dû aux Souverains ? le sentiment des hiérarchies ? la règle immuable qui engendre l'ordre ?

Le regard de Lao-Tseu se fit plus lourd de mépris. Confucius le sentit posé sur les insignes dont les rois lui avaient fait cadeau et il baissa la tête comme si les plaques d'or et les jades ciselés étaient soudain devenus plus pesants.

L'entretien était terminé. Confucius pensa qu'il était convenable de prononcer en se retirant une dernière parole modeste.

— O maître, dit-il, donnez-moi un conseil sur l'œuvre que j'ai entreprise.

— Elle est vaine, répondit Lao-Tseu.

— J'ai donc tort de vouloir gouverner les hommes pour faire régner la justice ?

— Ce ne sont pas les hommes qu'il faut gouverner, mais soi-même.

— Je me sens animé pourtant par la passion du bien.

— Toutes les passions sont mauvaises, même celle du bien.

Confucius s'inclina jusqu'à terre pour saluer. Quand il releva la tête, Lao-Tseu s'éloignait déjà. Il ne vit que son dos maigre, où une déchirure, dans la laine de sa robe, affectait une forme d'étoile.

L'escalade du cyprès renversé parut plus difficile au retour. Il sembla à Confucius qu'il respirait plus librement lorsqu'il fut sorti du jardin inculte qui entourait le palais des Esprits de la terre.

Tous ses disciples l'entouraient et voulaient connaître ses impressions.

— Le poisson nage, dit-il, et je comprends son mouvement dans l'eau. L'oiseau vole, je vois comment il fend l'air de ses ailes. Le quadrupède court sur la terre, je sais qu'il pousse le sol avec ses pattes. Mais si le Dragon des légendes, porté par un nuage magique, s'élance vers le ciel fabuleux, je suis incapable d'étudier sa nature. Lao-Tseu est pareil au Dragon.

PRIÈRE A LA MÉDIOCRITÉ

Et ce soir-là, comme les étoiles s'allumaient, Confucius s'avança sur la terrasse du pavillon qu'il habitait dans les jardins de l'ancien ministre Tchang-Houng. C'était le premier jour de la pleine lune du printemps et l'on célébrait la fête des Lanternes en l'honneur de l'Esprit qui préside au pouvoir céleste.

Le murmure des incantations faisait au-dessus des maisons comme une buée musicale. Dans l'immensité des ruelles entassées sur sa droite, Confucius voyait les temples avec leur couronne de lanternes en verre peint qui avaient l'air de cœurs lumineux où battait le sang des prières. Sur sa gauche se dressait la masse des murailles entourant le palais des Délicieuses Pensées. Ces murailles avaient des lanternes à leur faîte et elles se déroulaient circulairement comme des allées d'étoiles. Des chants d'allégresse partaient des jardins de l'empereur mêlés à la musique des tambours assourdis et des Kins étouffés. Devant lui le fleuve roulait d'innombrables jonques pavoisées qui avaient des voiles doubles, comme des ailes de papillons. Des processions s'en allaient vers les temples, d'autres en sortaient. Et, dans les quartiers populaires, une foule bigarrée, joyeuse, mouvante, ondulait, se pressait, étalait les dix mille visages de la béatitude humaine à laquelle on a ôté le masque du souci.

Confucius ne se sentait pas à son aise. Cette capitale était trop vaste, trop bruyante. Il y regrettait le calme ordonné des villes provinciales. Il y avait trop de barques sur le fleuve trop large. Il avait trouvé Lao-Tseu trop sublime quelques heures auparavant. Il était gêné de sentir sa présence silencieuse derrière la masse des cyprès sombres qu'il apercevait sur l'autre rive. Et le ciel lui-même, dans la clarté rayonnante de la lune, ne lui avait jamais paru si profond, si rempli de mystère, si illimité.

Ayant croisé ses bras sur sa poitrine comme pour serrer plus étroitement en lui sa conviction inébranlable, il formula cette prière :

— O médiocrité, pain sec de l'âme, aliment qui ne fais pas défaut, c'est de toi dont je suis nourri. Vin sans alcool, qui ne procure pas d'ivresse mais qu'on peut boire à loisir, c'est de toi dont je suis enivré. Poésie sans élan, strophe qui ne s'envole pas mais qui est familière, chant qui ne demande pas d'enthousiasme, c'est toi que je chante. O médiocrité, tu m'as fait aimer la ville moyenne où je suis né, ses collines sans altitude, son climat tempéré, son ciel un peu voilé. Tu m'as donné la neutralité de l'esprit qui permet de comprendre toutes les idées et cette froideur du cœur qui est la cuirasse naturelle contre les excès de l'instinct. Tu m'as appris qu'il ne faut ni approuver, ni désapprouver, ni embrasser, ni repousser et éviter la première ardeur du désir autant que le désespoir destructeur. C'est de toi que je tiens la rectitude de l'esprit, l'amour de l'ordre et de l'équilibre, le bienfait divin de la règle. Tu as écarté de mes pas l'ombre de la mort mystérieuse et tu en as supprimé le mystère en m'enseignant à n'y jamais penser. Grâce à toi j'ai négligé le ciel lointain pour la terre où je vis et j'ai savouré le bonheur qui vient de la satisfaction de soi-même quand on a respecté les règles, chéri les usages, pratiqué la vertu. Je marche sur la voie moyenne avec la pureté de celui qui ignore l'impureté. O médiocrité, je t'aime, comme j'aime les hommes médiocres, mes frères.

LA VOIE PARFAITE

Dans le même instant, debout sous un cyprès dont le jet avait l'air de vouloir traverser le ciel nocturne, Lao-Tseu disait :

— O voie parfaite, que j'ai entrevue dans l'abîme intérieur de mon esprit, emporte-moi dans ton courant invisible, roule-moi sur ta vague sans humidité jusqu'au seuil sans porte par où l'on pénètre dans le palais sans couleur qui renferme dix mille arcs-en-ciel.

Laisse-moi ne plus désirer dans cette vie que l'eau que je vais puiser dans la cruche de terre, le riz que je fais bouillir dans la soupière de fer, l'air que je respire, la lumière dont j'emplis mes yeux, la nuit qui me recouvre de sa paix.

O voie parfaite, accorde-moi l'extase quotidienne par laquelle je rentre dans l'Ineffable, je plonge dans la perfection du divin.

Garde-moi de l'instinct de la bête qui est en moi, de la curiosité de l'homme, et permets que je regarde avec indifférence la succession des morts et des vies, les mutations des êtres dans leur mouvement éternel.

Puisse mon âme inférieure tomber hors de moi comme une pierre dans un lac.

Puisse mon âme supérieure s'élever dans la région qui n'est ni en haut, ni en bas, ni à droite, ni à gauche, dans le séjour sans dimension où il n'y a ni pureté ni impureté, ni sagesse ni folie, ni vérité ni mensonge, et où la lumière du soleil se confond avec le cœur de l'homme.

CONFUCIUS MINISTRE

LE PRINCE TIN

La ville de Lou était bâtie autour d'un lac qu'elle enserrait de ses maisons coloriées, de telle sorte que le lac avait l'air d'un large miroir dans un cadre de laque et de porcelaine.

Sur le lac, il y avait une île qui faisait un losange et qui renfermait un lac plus petit. Et c'était là que le prince Tin avait fait bâtir les cinq palais où il vivait avec ses musiciens, dans une solitude nostalgique.

Le prince Tin voyait à peine ses ministres auxquels il s'en remettait pour les affaires du royaume. Il ne voyait pas ses musiciens qui jouaient derrière des rideaux ou, la nuit, sur des jonques errantes, dans le petit lac, au cœur du losange. Il ne voyait que la forme de la reine Wen-Kiang, qui avait été très belle et était morte un siècle auparavant.

La reine Wen-Kiang avait été régente pendant la minorité de son fils; elle avait aimé les arts comme le prince Tin les aimait; elle avait aimé l'amour comme jamais aucun être humain ne l'avait aimé. Il ne restait d'elle aucun portrait que le prince Tin pût contempler. Et pourtant il vivait avec son image.

Il avait fait recouvrir entièrement de miroirs de cuivre les murs et les plafonds de celui des cinq palais qu'il habitait, parce que c'est de l'indéfini clair-obscur des miroirs que viennent vers les vivants les apparitions des mortes, quand on brûle certains parfums secrets, quand on fait retentir certaines musiques magiques. A chaque coucher de soleil, il sortait avec l'invisible reine Wen-Kiang et il suivait, comme elle avait coutume de le faire pendant sa vie, l'allée de canneliers qui bordait le losange de l'île. Chemin faisant il coupait des narcisses, semés à dessein, parce qu'il savait qu'elle avait chéri ces fleurs, et il les levait à la hauteur de son visage, de son visage sans ovale charnel et sans chevelure terrestre. Quelquefois il s'arrêtait pour la regarder marcher, puis il courait pour la rattraper. Quand le soleil avait disparu et qu'il revenait vers le palais aux miroirs, la reine Wen-Kiang s'en allait par une porte qui ne menait nulle part et elle n'emportait jamais les narcisses.

Alors le prince Tin commençait à souffrir. Il souffrait de jalousie à cause de tous les amours passés de la reine Wen-Kiang. Les traditions lui avaient rapporté le récit de ses liaisons. Il savait qu'elle avait aimé des guerriers vigoureux, pour leur vigueur, des lettrés délicats pour leur délicatesse, des fonctionnaires, des sculpteurs d'ivoire, des polisseurs de jade, un esclave muet pour son silence, un Tai-Fou au visage monstrueux parce qu'il ressemblait à un âne, et le bouffon d'une troupe ambulante parce qu'il avait le corps déhanché. Toutes les figures de ces amants morts venaient grimacer dans les miroirs; ils étalaient des corps obscènes, ils poursuivaient dix mille reines Wen-Kiang, dix mille reines nues et pâmées, aux bras ouverts, aux yeux noyés. Et quelquefois, lorsque la lune était dans son plein et remplissait le palais de son or blême, il n'y avait dans les miroirs qu'une seule reine Wen-Kiang qui sortait de la région des féeries immatérielles, rose, souriante et nue, s'avançait par un couloir de cristal vide jusqu'à l'endroit où reposait le prince Tin, montrait l'ivoire de ses dents tout près des siennes, le frôlait de sa peau ambrée et phosphorescente et disparaissait quand il voulait la saisir, ne laissant sous ses doigts que le froid du cuivre poli, la tentation du métal désert.

Quand il ne pensait pas à la reine Wen-Kiang, le prince Tin n'était intéressé que par la nuance des laques ou la fabrication des porcelaines colorées. Il aimait avec la plaquette d'ébène Sun-chi à mélanger lui-même le fiel de porc et le grès rouge pulvérisé. Il polissait et il délayait les résines avec l'huile de thé et le charbon d'os de cerf. Il surveillait sur les fourneaux la cuisson des terres où il avait mêlé des cendres de chaux et de fougère, répandu des poudres d'or. Il disait qu'il voulait retrouver un certain violet qu'il n'avait vu qu'une fois dans l'eau d'un certain étang éclairé par un ciel d'orage et que ce violet était le même que le violet des yeux de la reine Wen-Kiang.

— Il vaut mieux que les singularités d'un roi s'exercent sur la matière des porcelaines et les variétés de leur cuisson que sur les affaires du royaume, disait son ministre Young-Lo.

Or, Young-Lo mourut et, à la surprise de tous, ce fut le sage Confucius que le prince Tin appela pour le remplacer.

LES MIROIRS BRISÉS

Penché à l'avant de la jonque qui l'amenait vers l'île des cinq palais royaux, Confucius fronça les sourcils.

— Si l'on veut supprimer le mal, il faut supprimer sa cause, murmura-t-il.

Le désir de la vertu était venu dans l'âme du prince Tin et l'avait envahie entièrement. Il obéissait désormais à son ministre Confucius.

Et comme, ce soir-là, il voulait deviser avec lui sur les réformes à accomplir, il l'invita à marcher un peu avec lui au bord des eaux calmes.

— Nous ne prendrons pas cette allée, dit doucement Confucius. Le parfum des narcisses est trop pénétrant et il invite à la rêverie. L'ombre des canneliers est trop douce et elle invite à la paresse. Sans ombre et sans parfum doit être la promenade des rois.

Et toute la nuit, à la clarté des lanternes, des serviteurs coupèrent les narcisses, émondèrent les canneliers, en sorte qu'au matin il n'en restait plus que les troncs, comme des poteaux mélancoliques.

— Afin de délivrer l'âme en peine du souverain, chaque jour je briserai un miroir, avait dit Confucius à ses disciples. Et ainsi l'illusion mourra et la vérité de la vie apparaîtra.

Et chaque jour, dans le palais des miroirs, le prince Tin vit voler en éclats une des facettes de son rêve. Le visage de la reine Wen-Kiang prit peu à peu pour lui une expression douloureuse et fatiguée, sa forme devint plus vaporeuse, plus ténue. Il semblait qu'elle eût de la peine à apparaître ; elle glissait tristement, devenue timide et fugitive. Lorsque le dernier miroir fut brisé, le prince Tin vit dans un de ses morceaux une reine Wen-Kiang qui n'était pas plus grande que son doigt et qui s'effaçait dans une brume de cristal cuivré.

— Comme je suis heureux, dit-il avec mélancolie, de voir enfin les choses telles qu'elles sont.

Il se plut davantage à écouter les concerts de ses musiciens qui, le soir, jouaient sur le petit lac, entre les cinq palais, dans une jonque tendue de soie.

Confucius donna l'ordre qu'il y eut chaque jour, derrière la soie de la jonque, un musicien de moins.

Le concert s'affaiblit graduellement. Debout, sur la terrasse de son palais, le prince Tin écoutait comment chante la beauté du monde quand elle va mourir.

La lune resplendissait et jamais le printemps n'avait été si beau que le soir où il n'y eut dans la jonque que la voix grêle d'un seul luth. Confucius était venu pour se rendre compte de ce que ferait sur l'esprit du prince le dernier soupir de la musique.

Et les accents du luth unique furent particulièrement étranges et tels qu'on n'en avait jamais entendu de semblables.

Les mandarins de la cour, les gardes, les

conducteurs de jonques coururent sur les bords du lac et se rangèrent entre les troncs taillés des canneliers pour mieux entendre. De la ville se détachèrent des barques qui vinrent autour du losange de l'île et demeurèrent immobiles, comme fixées sur le bleu des eaux par le mystère de l'harmonie. Au loin, les rivages de Lou se peuplèrent de formes attentives et comme avides de recueillir des miettes de sons.

Entre les cinq palais, au milieu du losange de la petite île, le solitaire joueur de luth, invisible derrière la soie tendue, chantait la tristesse des beaux visages qui se fanent, des grandes ambitions que l'on n'a pas le courage de porter jusqu'au bout, des amours auxquelles on est infidèle malgré soi. Et il y avait dans cette musique les échos d'une gaîté bizarre et violente, d'une danse un peu insensée qui permettait de croire que cette plainte n'était qu'un jeu.

Le prince Tin était secoué de sanglots et Confucius ne s'expliqua pas tout d'abord pourquoi il revoyait des images auxquelles il ne pensait plus, qu'il avait volontairement écartées. Et, soudain, il reconnut la musique. Il se rappela une froide aurore dans son jardin, il revit son épouse Ki-Kéou violant la règle édictée par lui, méconnaissant la piété filiale, essayant de faire triompher sa fantaisie, de tourner en dérision la sainteté des usages familiaux. Dans cette musique il y avait la fantaisie, la libre allégresse, l'esprit de révolte, tout ce qui était dangereux et haïssable. C'était cet air que jouait Ki-Kéou à l'heure intermédiaire où l'épouse doit reposer encore auprès de l'époux.

Le musicien s'était déjà tu lorsque Confucius songea à donner l'ordre qu'il s'arrêtât de jouer.

— Faites comparaître ce musicien devant moi, dit-il à l'intendant de la musique.

Mais on ne put le trouver. Il avait déjà regagné le rivage de Lou.

— Je l'avais engagé récemment, dit l'intendant de la musique. Il n'observe aucune des règles prescrites et cependant il y a dans sa manière de jouer une singulière beauté.

— Il n'y a pas de beauté sans l'observance des règles, dit sévèrement Confucius.

L'intendant baissa la tête.

— Qui est-il ? reprit Confucius.

— C'est un certain Mong-Pi, qui est boiteux et fort laid.

Confucius baissa la tête.

— Dois-je le faire rechercher et lui faire appliquer la bastonnade? dit encore l'intendant.

Confucius resta silencieux. Il réfléchissait.

— Faites-le rechercher et qu'on le reconduise à la frontière du royaume, après lui avoir donné quelque argent.

LE RÈGNE DE LA VERTU

Confucius vérifia la force de la règle, des innombrables règles qu'il édicta et qu'il répandit dans le royaume de Lou comme le flot d'une eau amère mais vivifiante.

Les récompenses parèrent les règles d'une apparence de joie, les châtiments leur donnèrent l'autorité nécessaire pour qu'elles soient respectées.

Confucius créa une grande administration comportant des centaines de fonctionnaires pour la publication des règlements et la surveillance de leur exécution.

Tout fut réglé. Les heures de travail et celles du repos, le temps que l'on devait consacrer au repas et celui qui était permis pour le sommeil. Chacun, selon sa fortune, devait brûler une certaine quantité d'encens sur l'autel des ancêtres. Chacun, selon son aptitude, devait s'adonner à un art, mais cela à une certaine heure. La musique était rigoureusement proscrite après le coucher du soleil à cause de l'action qu'elle avait sur les passions sensuelles. Pour la même raison il y eut des impôts considérables sur les épices et certaines herbes auxquelles on attribuait des effets aphrodisiaques.

De la sensualité naissait, d'après Confucius, une foule de maux: L'oubli des devoirs filiaux, l'incapacité à comprendre les livres sacrés, une lenteur de l'intelligence et certains mouvements passionnels qui jetaient le désordre dans les famille et détournaient de la vertu les adolescents.

Les danses furent censurées. Les pères de famille reçurent la liste des fautes que couvre l'ombre du foyer et la description de ces dangereuses familiarités du frère à la sœur, du cousin à la cousine, qu'ils devaient défendre. Les jeunes gens et les jeunes filles n'eurent pas le droit de marcher de compagnie sur les routes, et les époux eux-mêmes, quand ils sortaient ensemble, devaient laisser entre eux un intervalle assez large pour qu'un char y pût passer. Une réunion de savants fixa pour les étreintes conjugales un nombre qui conciliait les désirs de la nature humaine, la nécessité de la reproduction et le souci du législateur qui redoute l'excès sexuel comme le plus destructeur des excès.

Le royaume de Lou fut d'un bout à l'autre mesuré, canalisé, administré. Une hiérarchie compliquée de fonctionnaires le recouvrit, le surveilla, l'organisa et, au sommet de cette hiérarchie, se tenait Confucius, exact comme la justice, froid comme la morale, inexorable comme l'ennui.

Et sous ce régime le royaume de Lou prospéra matériellement. Le travail plus régulier fit des récoltes plus abondantes; la police mieux faite donna la sécurité aux voyageurs; la vie fut moins chère pour les pauvres à cause des peines qui frappaient la spéculation des marchands. L'honnêteté générale augmenta. Si un objet était perdu dans une rue, nul n'osait le ramasser dans la crainte d'être accusé de vol. Aucun baiser n'était échangé en dehors du mariage et, même quand le mariage était consommé, les époux hésitaient à rapprocher leur visage et demeuraient chastes longtemps après, tellement ils avaient été habitués à considérer leur désir comme coupable.

La finesse des traits s'atténua, les hommes grossirent. Chacun reporta sur la nourriture, qui demeurait un plaisir permis, sa faculté de jouissance. Le bonheur diminua en proportion du bien-être et de l'étroite moralité qui régnait. L'ennui, le manque d'initiative et l'absence d'une haute espérance engendrèrent la stupidité. La vertu régna dans le royaume de Lou.

LE RÊVE DE CONFUCIUS

Confucius fit un rêve.

A côté de son lit, entre deux paravents qui formaient le principal ameublement de sa chambre, se tenait Lao-Tseu.

Il avait sur son visage une expression plus bienveillante que lorsque Confucius l'avait vu au seuil du palais des Esprits de la terre. Il semblait ne pas être appuyé sur le sol et flotter bizarrement. Il y avait dans sa voix une sorte de commisération.

— Ainsi, tu es ministre! Mais ne sais-tu pas que l'homme saint ne doit pas s'attacher à ses mérites et qu'il doit considérer la gloire comme une ignominie. N'as-tu pas honte d'être ministre d'un roi, de commander à la police et de préparer la guerre?

Confucius répondit qu'il n'avait pas honte.

— Tant pis! C'est que tu vois les choses par en bas. C'est que tu es troublé par le bruit des passions que tu veux refréner chez les autres et que tu n'as pas conscience de l'ambition qui te dévore. Tu n'as pas développé la puissance de perception de l'âme qui permet de contempler le double aspect des choses. Ah! si tu pouvais t'élever un peu!

Alors Confucius s'aperçut que ce qu'il croyait être les deux paravents de sa chambre étaient d'immenses ailes que Lao-Tseu avait sur son dos et qui palpitaient doucement.

Et il s'aperçut, à un petit bruit derrière lui, qu'il avait aussi des ailes, mais infiniment plus petites que celles de Lao-Tseu, des moignons d'ailes qui battaient d'une façon un peu ridicule.

Mais il n'eut pas le temps de s'étonner. Lao-Tseu avait fait un signe et Confucius volait maintenant derrière lui, dans le crépuscule qui précède l'aurore.

Sa première pensée fut que le sage avait justement choisi pour l'extravagant exercice auquel il l'entraînait l'heure où Ki-Kéou aimait jadis à jouer du luth dans son jardin.

Les grandes ailes de Lao-Tseu faisaient un bruit mystérieux et Confucius s'essoufflait derrière lui.

— J'ai peur de tomber, murmura-t-il.

Ils avaient dépassé les nuages. Ils frôlaient des pics rocheux, des sommets inaccessibles où il y avait une neige livide.

— Nous sommes trop haut, dit Confucius.

— On n'est jamais trop haut, dit Lao-Tseu. Le ciel est immense.

Ils dépassèrent ces sommets et ils en longèrent d'autres plus hérissés, plus désolés, sans végétations, nus comme l'intelligence pure.

— J'ai peur de me heurter à ces aiguilles de pierre, dit Confucius.

— Ne vois-tu pas que ce ne sont pas des rochers, mais des idées, dit Lao-Tseu. Il suffit de ne pas avoir peur pour les traverser aisément et rendre vide leur solidité.

Et Confucius le vit avec stupeur passer au travers d'une énorme montagne avec autant de facilité qu'il serait passé au travers d'une brume légère.

— Viens me rejoindre, cria Lao-Tseu.

— Comment le pourrais-je ? répondit Confucius. Je ne puis supprimer la matière.

— Alors, monte.

Confucius vit que Lao-Tseu volait très haut au-dessus de lui dans l'espace bleuissant.

— C'est impossible, mes ailes me portent à peine.

— Sois animé par le désir de l'élévation et tes ailes deviendront immenses, dit la voix de Lao-Tseu affaiblie par l'éloignement.

— Je les sens devenir plus petites à chaque minute, et, regardant par-dessus son épaule, Confucius vit qu'en effet ses ailes diminuaient de plus en plus et n'avaient plus que quelques plumes rabougries.

L'aurore naissante illuminait l'espace céleste de toutes les couleurs de l'arc-en-ciel.

— Renonce à la terre et tu trouveras la voie divine, dit Lao-Tseu de très loin.

Mais cette parole ne fut pas perdue.

— Jamais ! Je ne veux pas renoncer à la terre bien-aimée, clama Confucius de toutes ses forces.

Et alors il tomba. Il tomba avec une vitesse

vertigineuse à travers les nuages que le soleil levant colorait d'une jeune pourpre; il tomba jusqu'à la terre uniforme, compacte, protectrice.

Il se retrouva, baigné de sueur, dans son lit d'homme sans ailes. Il se retourna avec angoisse, mais rien ne soulevait les plis de sa chemise de lin. Son dos était plat comme il convenait. Il poussa un grand soupir de soulagement et se leva pour éprouver la douceur des pieds sur le sol.

— A chacun sa tâche, dit-il. Je ne vole pas. Je marche, et j'aimerais mieux ramper que voler. Je ne suis que le pauvre homme sublime des hommes ordinaires. Cela me suffit.

LA BELLE MIAO-CHEN

Le royaume de Lou communiquait à l'ouest avec le royaume de Tsi par une antique route dallée qui datait du règne de Wou-Wang. Un pont de pierre sur une rivière était la limite de la frontière et une garde nombreuse y veillait pour interdire l'entrée du pays de la vertu aux éléments de désordre et d'immoralité. Ces éléments impurs se présentèrent un soir à l'entrée du pont sous la forme pittoresque et misérable d'une troupe d'acteurs ambulants.

C'était la troupe du vieux Yan-You. Ses acteurs, fils d'esclaves qu'il avait instruits, lui appartenaient et il avait beaucoup de mal à les nourrir.

Yen-Ying, ministre du royaume de Tsi, qui ne protégeait pas les arts, lui avait signifié récemment d'avoir à quitter le territoire de Tsi. Il ignorait les transformations apportées par Confucius dans l'état voisin et il escomptait les bénéfices que devait lui procurer la faveur du prince Tin. Sa troupe était unique. Elle comportait une vingtaine de personnes auxquelles il avait appris les textes de pièces millénaires enregistrées dans sa prodigieuse mémoire et les danses barbares Laï-Y qui se dansent avec des étendards et des sabres aux sons d'une musique sauvage et se terminent par une extase frénétique des danseurs. Yan-You avait l'art de grouper autour de ses artistes des chanteurs amateurs recrutés parmi les gens du peuple des pays qu'il traversait, en sorte que sa venue était le signal de grandes réjouissances populaires.

Il se jeta aux pieds du Taï-Fou, gardien de la frontière de Lou, en le suppliant de le laisser passer. Mais celui-ci fut impitoyable, car les ordres de Confucius étaient formels.

Comme la nuit était venue la troupe de Yan-You campa de l'autre côté du pont.

Le soleil du lendemain éclaira des événements surprenants.

De même qu'un diamant est quelquefois balayé dans un tas d'ordures, ainsi la jeune merveille de beauté Miao-Chen avait été projetée dans la troupe ambulante de Yan-You par le coup de balai des dieux. Elle avait seize ans et son corps était habité par le génie de la danse, ses doigts étaient animés par l'esprit qui enseigne la connaissance des luths, ses lèvres étaient l'expression du dieu des paroles évocatrices et harmonieuses.

Mais de même qu'un diamant, quand il est brut, est aisément confondu avec un caillou brillant par ceux qui n'ont pas le sens des matières rares, ainsi une jeune merveille de beauté est prise pour une créature vulgaire par les créatures vulgaires au milieu de qui elle vit.

La troupe ambulante de Yan-You fut réveillée ce matin-là par les cris de désespoir de la belle Miao-Chen.

Comme d'ordinaire, en s'éveillant, elle avait étendu sa main droite pour caresser le visage du boiteux Nieou, le bouffon de la troupe, qui dormait auprès d'elle et auquel elle accordait les simulacres de son amour enfantin. Le bouffon Nieou était vieux et laid et la faisait rire. Chaque matin elle l'éveillait en lui tirant le nez. Mais le nez qu'elle tira, ce matin-là, était étrangement glacé. Nieou était mort, durant la nuit, mort sans bouger, mort sans manifester sa tristesse de quitter la vie, sans doute pour ne pas troubler le sommeil de sa jeune compagne.

Toute la troupe sortit des tentes qu'on avait tendues le long de la rivière, et accourut aux cris de Miao-Chen.

Des lamentations s'élevèrent vers le ciel matinal. De désespoir, Miao-Chen déchira sa robe et son mince corps apparut comme une fleur tremblante où la rosée fit briller des perles délicates.

Selon les usages antiques, Yan-You, le maître du mort, qui représentait son père, se tourna vers le soleil levant et appela Nieou par son nom à plusieurs reprises pour exhorter son esprit déjà errant à rentrer dans sa forme corporelle.

Acteurs et musiciens répétèrent ensemble : Nieou ! pour donner plus de puissance à l'appel.

Et un cri jaillit de toutes les poitrines.

Du côté du soleil levant, par le pont qui donnait

sur le royaume de Lou, s'avançait un personnage boiteux qui avait à peu près la laideur de visage et l'allure déhanchée du bouffon mort.

C'était Mong-Pi, qui quittait le royaume dont il était chassé.

Durant quelques instants, dans la demi-lumière du matin, tous crurent que Nieou ressuscité et rajeuni par le mystère de la mort s'avançait vers eux. Les cris de douleur furent remplacés par une clameur de joie. Miao-Chen resta d'abord immobile, les bras ouverts, écarquillant les yeux. Puis, légère et nue, elle s'élança, gravit la pente du pont au sommet duquel Mong-Pi venait d'arriver et elle le serra tendrement contre elle.

Ainsi d'heureux accueils sont réservés parfois aux voyageurs quand une certaine folie les conduit.

On s'expliqua. Il demeura de cet événement que Mong-Pi pourrait apprendre les rôles de Nieou et les jouer dans peu de temps. Yan-You l'engagea sur-le-champ dans la troupe comme acteur libre. Mais son arrivée conserva un certain caractère surnaturel qui devait suffire à lui valoir l'amour de Miao-Chen.

La tombe de Nieou fut creusée sur-le-champ. Les lamentations avaient cessé. Elles reprirent soudain, car il était écrit que cette matinée devait être fertile en événements pour les comédiens.

Des cavaliers apparurent au loin sur la route de Tsi. Ils entouraient un char à quatre chevaux et Yan-You reconnut aux étendards d'azur brodés d'or qui flottaient à droite et à gauche du char que c'était le ministre Yen-Ying lui-même, en train d'inspecter les frontières. Qu'allait-il dire en voyant la troupe à laquelle il avait donné l'ordre de quitter le territoire de Tsi ? D'autre part, le Taï-Fou de Lou se tenait de l'autre côté du pont, au milieu de ses soldats, impitoyable comme la consigne qu'il exécutait.

Tous les fronts touchaient la poussière. Le char du ministre Yen-Ying était arrêté. Les piques des cavaliers étaient droites et il n'y avait dans l'air que le froissement des bannières qui claquaient. Dans cette attente la belle Miao-Chen osa soulever sa tête curieuse et puérile.

Un cri retentit.

Le ministre sauta de son char et vint regarder de tout près la jeune danseuse.

— Elle a les yeux violets, cria-t-il. Les yeux violets de la reine Wen-Kiang !

Et comme vingt têtes stupéfaites se tournaient du côté du ministre, celui-ci aperçut Mong-Pi et éclata de rire.

— Et voilà la tête d'âne qu'il me faut !

Il fit signe à Yan-You de se relever.

— Tu es désormais le chef des divertissements du roi de Tsi. Tu vas me suivre à Tsi-Nan-Fou avec tes comédiens, mais il te faudra leur apprendre une pièce dont je te fournirai le thème et dont voilà les deux héros.

Il désignait du doigt Mong-Pi et la belle Miao-Chen dont les yeux réverbéraient le soleil levant et étaient pareils à deux violettes célestes.

L'ENTREVUE DE KIA-KOU

Quand le roi de Tsi fit inviter le roi de Lou à une amicale entrevue par un ambassadeur vêtu de bleu en signe d'amitié et accompagné de cavaliers bleus comme lui, Confucius pressentit tout de suite un piège, car il possédait la clairvoyance des choses humaines. Comme il cultivait le courage autant que les autres vertus, il décida d'accompagner son maître à l'amicale entrevue qui devait avoir lieu à Kia-Kou sur le territoire de Tsi. Et, comme il cultivait aussi la prudence, il donna l'ordre au Taï-Fou de la guerre de suivre le char royal avec une troupe de cavaliers bien armés.

Les deux souverains et leurs ministres devaient s'entendre sur le sujet qui les divisait depuis longtemps et qui était la possession de trois villes du royaume de Lou dont le roi de Tsi s'était emparé, au mépris de toute justice. L'entrevue devait avoir lieu au coucher du soleil, à cause de la représentation qui devait suivre et à laquelle l'ombre de la nuit donnerait plus de beauté.

Dans une grande prairie une estrade avait été dressée au milieu de bosquets de bambous et de canneliers, et les deux souverains y prirent place avec leurs ministres.

Tout de suite Confucius parla avec la fermeté d'un homme qui réclame ce qu'il est juste de réclamer et qui sait pouvoir faire appuyer la justice par la force.

La nuit était venue pendant le cérémonial de l'accueil, les premières formules de politesse, les hypocrites protestations. Le prince Tin, les yeux perdus dans le ciel du soir, semblait se désintéresser du débat. Confucius parlait, mais la force de son raisonnement lui permettait de suivre ce qui se passait autour de lui et l'événement dont il lisait la trame sur le visage du roi de Tsi et de son ministre Yen-Ying.

Des porteurs de lanternes sortaient des bosquets de bambous et entouraient l'estrade de tous les côtés. Une triple rangée s'échelonna sur chaque côté de l'escalier qui faisait communiquer l'estrade avec la prairie. Confucius remarqua que les lanternes, au lieu d'être bleues comme l'amitié, étaient rouges comme la violence et que tous les porteurs étaient revêtus de la cuirasse et avaient à leur ceinture le sabre des guerriers.

Le ministre Yen-Ying s'était levé. Il allait jeter le masque. Confucius ne lui en laissa pas le temps. Il saisit le gong que tenait un serviteur et il en frappa plusieurs coups précipités.

A ce signal le Taï-Fou de Lou et ses cavaliers sortirent du bois voisin où ils attendaient et accoururent à travers la prairie vers l'estrade qu'ils enveloppèrent, avec un grand cliquetis d'armes. Quelques lanternes tombèrent, quelques sabres furent tirés. Il y eut un moment de confusion. Les gens de Lou et ceux de Tsi attendaient l'ordre d'en venir aux mains. Yen-Ying s'avança pour crier cet ordre.

Confucius le prévint encore.

— J'ai pensé que l'heure du spectacle était venue, dit-il, et j'ai voulu que ces quelques hommes d'escorte fussent témoins des divertissements qui sont préparés.

Yen-Ying évalua silencieusement les forces en présence et s'inclina. Il fit signe à Yan-You et à sa troupe de s'avancer.

Le prince Tin n'avait pas interrompu sa rêverie.

Les musiques qui retentirent aussitôt étaient inusitées, plus voluptueuses, plus étranges que celles que l'on entend d'ordinaire; il y avait des éclats de tambour qui heurtaient la raison et des plaintes de flûtes qui déchiraient le sens de la pudeur.

Mais avant que Confucius ait pu s'indigner de l'inconvenance de telles harmonies, les comédiens avaient commencé la représentation de la pièce.

Or cette pièce mettait en scène les amours de la reine Wen-Kiang avec un guerrier ridicule qui portait une tête d'âne. La belle Miao-Chen était si délicieuse dans le rôle de la reine que, lorsqu'elle parut, il y eut un frisson dans l'assistance et toutes les lanternes oscillèrent dans l'air comme si les porteurs étaient ivres.

Confucius eut la présence d'esprit de déployer son éventail devant le visage du prince Tin pour lui dérober l'éclat des yeux violets tout en l'entretenant à voix basse des trois villes dont il exigeait la restitution. Ainsi occupé par le jeu de l'éventail il n'écouta que d'une oreille et la pièce était déjà presque finie quand il perçut quelle scandaleuse injure elle constituait par son sujet en même temps qu'un perfide appel à la démence du prince Tin.

Il se leva pour l'interrompre. Mais des rires tumultueux couvrirent sa voix. Mong-Pi, porteur de la tête d'âne, mimait de façon si plaisante la joie d'un guerrier caricatural favorisé par l'amour d'une divine créature que les spectateurs s'asseyaient sur le sol pour rire à leur aise et que les cavaliers de Lou se laissaient tomber de leur cheval en s'esclaffant.

Puis un silence passa soudain et les paroles indignées se figèrent sur les lèvres de Confucius. Miao-Chen dansait. Elle dansait presque nue avec un léger mouvement de ses seins et de ses hanches étroites. Elle avait mis sur son visage l'expression de la plus parfaite pureté en même temps que son corps exprimait le frémissement du désir, l'attente de la volupté. Et à mesure que cette volupté grandissait en elle comme si elle était sortie du plus profond de son corps mince, ses yeux, pareils à l'eau d'un étang un soir d'orage, devenaient plus intensément violets et plus ingénus et elle les fixait, comme il le lui avait été commandé, sur le prince Tin.

Mais en vain. L'éventail de Confucius passait et repassait et tout le temps que dura la danse le sage ministre entretint son souverain des plus graves sujets et occupa son attention.

Or, les fautes doivent être suivies par les châtiments et les forts ne doivent pas supporter l'injure sans devenir faibles. Le Taï Fou de Lou se tenait maintenant à la droite de Confucius prêt à venger l'injure, et les cuirasses des cavaliers étincelaient circulairement. A peine Confucius avait-il laissé éclater sa colère que le roi de Tsi se confondait en excuses et que le ministre Yen-Ying se tordait les mains de désespoir. Ils n'étaient pour rien dans tout ceci. A leur insu cette pièce avait été représentée. Il ne fallait accuser que d'indignes histrions.

Confucius ne consentit pas à se retirer sans une réparation visible et immédiate. Yen-Ying lui offrit de faire mourir à l'instant toute la troupe des comédiens sur le lieu même où l'injure avait été commise. Confucius trouva, dans son amour de l'humanité, que ce massacre était exagéré et inutile. Il n'exigea que la mort de la femme impudique qui avait dansé. Il savait qu'il détruisait ainsi un des contraires de la vertu, une des formes du mal sous son aspect le plus tentateur, le plus mystérieusement attrayant et le plus détestable.

Quand on vint la chercher, la belle Miao-Chen riait, assise dans la prairie, une tête d'âne sur les genoux et, parfois, elle posait son jeune visage sur l'épaule de son compagnon Mong-Pi. Elle crut qu'il s'agissait de récompenses, de félicitations, et elle tomba à genoux, avec allégresse, toute petite devant l'énorme puissance des hypocrisies royales et des convenances officielles.

Un peu plus tard, Confucius ayant fait signer au roi de Tsi la restitution des trois villes, prenait congé de lui avec mille salutations. Il entendit des cris déchirants et il s'arrêta au moment de monter sur son char.

— Ce n'est rien, dit Yen-Ying. C'est le bouffon Mong-Pi qui pleure la femme qu'il aimait.

LES TROIS TÊTES DE MONG-PI

Cette nuit-là, Confucius eut un rêve.

Mong-Pi se tenait auprès de son lit, mais Confucius remarqua avec surprise qu'il avait trois têtes différentes qu'il posait tour à tour sur ses épaules.

La première tête était celle de la belle Miao-Chen. Elle était plus belle encore que lorsqu'elle dansait; elle le regardait de ses yeux violets et Confucius connut avec certitude que la nuance améthyste des prunelles est bien cette rare lueur qui monte d'un étang où pourrissent des végétations mortes, quand un ciel d'orage s'y reflète. Mais il n'eut pas le temps de réfléchir au mystère qui fait sortir un beau rayon de la putréfaction des eaux, car la tête de Miao-Chen était remplacée par une tête d'âne. L'âne ! La stupidité haïssable, l'incongruité, la grossièreté ! Mais il n'eut pas le temps de réfléchir à ce je ne sais quoi de fidèle et d'amical qui se dégageait de la bête. C'était le vrai visage de Mong-Pi qui se tenait à côté du sien.

Et Mong-Pi lui dit :

— Je suis la beauté de la courtisane, la folie de celui qui vit en dehors de toute règle ; je suis le rire, je suis ta victime, ô Confucius. Tu me persécuteras toujours, car il y a une force en toi qui te fait croire que ta vérité est la seule vraie et qu'il faut obliger les autres à l'adopter. La moralité est ton essence et tu es prêt à me faire souffrir mille supplices pour mon plus grand bien. Je t'échappe sans cesse, mais tu me domines parce que tu es l'ordre et que tu commandes aux gardiens des portes et à ceux qui ferment, le soir, les grilles séparatrices des quartiers. Courtisane, je me mettrai nue malgré toi pour troubler les adolescents ; musicien, je jouerai les hymnes insensés qui procurent aux hommes les rêves défendus. Je ferai éternellement ton désespoir, ô fils du sous-préfet, maître des révérences, parfait magistrat, modèle des ministres. Tu auras de ton côté les pères de famille pleins de bon sens, les matrones vénérables, les hommes sensés, les hommes vertueux, toute la société organisée. Je continuerai à vivre avec des gens de peu, partageant mon temps entre la prison et la grande route, mais, malgré le mépris que tu auras de moi, tu souffriras de n'arriver jamais à me faire faire amende honorable devant ta saine raison. Tu peux briser le luth, couper la tête de Miao-Chen, arracher mon cœur de ma poitrine, je ne saurais périr, car je suis éternel et je renaîtrai sous la forme de la cigale oisive ou du rossignol inutile. De nous deux, ô sage, tu te crois sans doute le meilleur, mais j'ai sur toi une supériorité que tu ignores, c'est que je ne saurais t'en vouloir, car je suis ton frère, ô Confucius !

LES QUATRE-VINGTS JEUNES FILLES

Confucius mangeait peu, dormait à peine, travaillait énormément. En vain ses disciples l'exhortaient-ils au repos. Il leur répondait que la prospérité du royaume exigeait toutes les heures de sa vie. Il leur céda pourtant à la fin. Il consentit à rester chez lui un jour, un seul jour.

Et c'est ce jour-là, pendant qu'il dormait, qu'arrivèrent les magnifiques présents envoyés au roi de Lou par le roi de Tsi.

Ils arrivèrent par la porte du Nord, au milieu d'une garde d'eunuques, sur des chevaux blancs, et c'étaient quatre-vingts jeunes filles avec des peaux laiteuses comme de jeunes amandes, des reins souples comme des feuilles de palmiers, des lèvres rouges et humides comme le plaisir charnel.

Elles venaient de Yang-Tchéou, ville renommée dans tout l'empire pour le caractère lascif de ses habitants. Là il y avait des écoles de danse et des écoles de musique, et l'art de la volupté était enseigné aux femmes dès leur plus jeune âge. Yen-Ying s'y était rendu lui-même et il avait acheté avec le trésor de Tsi les plus belles créatures qu'il avait trouvées, sachant bien qu'il récupérerait le trésor de Tsi par l'abaissement du royaume de Lou.

Les quatre-vingts jeunes filles traversèrent la ville comme un songe voluptueux, et le prince Tin, qui se promenait sur le rivage de l'île en forme de losange, entendit la musique de leurs luths et vit leurs formes blanches aux bords des jonques qui s'avançaient sur les flots. Par plusieurs côtés à la fois, les jeunes filles débarquèrent; elles coururent en riant dans les cinq palais; elles remplirent les allées des jardins; elles débordèrent les gardes des portes; elles gravirent les escaliers de marbre ; elles firent monter vers le ciel une immense bouffée de joie.

Et toutes répondaient au prince Tin, quand il les questionnait :

— Nous sommes les suivantes de la merveilleuse, de la mystérieuse, de la splendide que voilà.

Et elles désignaient la plus belle d'entre elles qui avait un port de jeune reine, une améthyste en forme d'étoile sur le front et était vêtue d'une tunique mauve assez transparente pour laisser voir un corps parfait.

Le prince Tin s'avança à la fin vers cette créature d'élection et lui demanda son nom.

Elle écarta le voile dont elle cachait son visage, elle fixa sur lui d'immenses yeux violets et elle dit modestement :

— Je suis la reine Wen-Kiang et je reviens habiter mon île.

Le prince Tin s'aperçut tout à coup que le printemps avait fait repousser les branches des canneliers dans l'allée et que les narcisses sortaient de terre avec force comme si la substance musicale éparse dans l'air leur donnait la vie. Il vit qu'il était au centre de l'immense miroir bleu du lac et qu'il marchait à côté de celle à laquelle il avait pensé si longtemps. Chemin faisant il cueillit un bouquet de narcisses qu'il lui tendit, et, comme la reine Wen-Kiang se montrait étrangement provocante, il n'eut pas de scrupules à l'entraîner doucement vers ses appartements et elle n'eut pas d'hésitation à le suivre. Elle y mit même un empressement qui n'aurait pas paru royal si le prince Tin n'avait pas été aveuglé par le désir.

La nuit vint. Des lanternes s'allumèrent comme les prunelles du plaisir. Une farandole blanche parcourut l'allée, le long du lac, et sembla envelopper les cinq palais d'une voluptueuse couronne.

Les soldats avaient abandonné leurs armes, les lettrés leurs livres. Des barques sillonnaient le lac et d'elles s'élevait un chant qui montait vers les étoiles comme une longue branche de cristal. Parfois un vénérable mandarin regagnait la terre, emportant vers sa maison, comme un morceau de jade blanc, symbole de la pureté essentielle, une précieuse jeune fille.

Par la communication du rythme des danses l'ivresse qui s'était emparée de l'île gagna toute la cité. Chacun rejeta le joug trop pesant d'une trop parfaite moralité. Les fenêtres closes s'ouvrirent.

Par les portes dérobées glissèrent des formes de femmes avides de choses furtives, de rendez-vous défendus.

On vit des fonctionnaires qui s'en allaient accomplir une cérémonie rituelle à la pagode des Ancêtres Impériaux, sur une colline voisine, jeter les bâtonnets d'encens et les vases de lait et s'élancer à grands pas vers le quartier mal famé de la ville.

Sur le seuil du Tribunal des Rites, le grand-maître des Châtiments s'arrêta, poussa un soupir et revint sur ses pas en disant :

— Où sont mes vingt ans?

En une seule nuit s'écroula l'œuvre que Confucius avait édifiée pendant des années.

Car il bâtit sur le sable celui qui prend la morale des hommes pour fondement de la société, celui qui ne tient pas compte de la beauté cachée de la passion, de la vertu du désordre, de la force créatrice du plaisir, et qui ne sait pas qu'il n'y a pas de plus magnifique aliment pour nourrir l'âme et l'élever que l'amour, le simple amour de l'homme et de la femme.

LE TRIOMPHE DE LA JOIE

Une alouette ironique battit de l'aile sur sa fenêtre et Confucius s'éveilla enfin. L'insistance de l'alouette à faire avec son bec de petits trous irréguliers dans le mica des carreaux lui fit pressentir qu'il y avait quelque chose de changé autour de lui dans le respect de ce qui devait être respecté.

Il s'habilla à la hâte. Sa garde et ses porteurs ne l'attendaient pas devant la porte autour de son palanquin. Dans la rue, il faillit être renversé par un ivrogne. Puis il se frotta les yeux, faisant un rêve singulier. L'auguste directeur des cérémonies rituelles marchait sans escorte devant lui et il étreignait une créature svelte et impudiquement vêtue qui, par jeu, lui caressait parfois le nez avec une plume de paon.

— J'ai trop dormi, pensa Confucius. Le songe se poursuit dans la réalité.

Comme il atteignait les bords du lac, la continuation du rêve se manifesta ainsi :

A demi couché au fond d'une barque sur un amoncellement de roses effeuillées, se tenait le Taï-Fou de la guerre. Il était visiblement ivre. Uue lanterne de papier peint se balançait au-dessus de sa tête et il oscillait avec elle en riant stupidement. Une toute petite femme était sur ses genoux et il lui lançait parfois une poignée de feuilles de roses dans les cheveux.

Cette lanterne allumée en plein jour et la disproportion qu'il y avait entre l'énormité du Taï-Fou et la petitesse de sa compagne furent pour Confucius les symboles matériels de la débauche sous son aspect le plus hideux.

Il ne put s'empêcher de faire à cette image irréelle un signe impérieux.

Le Taï-Fou y répondit en jetant négligemment vers lui une poignée de roses et, comme la barque était tout près du rivage, l'une d'elles toucha le front de Confucius et une petite épine le piqua légèrement. Il perçut, au moyen de cette véridique épine, que ce qu'il prenait pour un songe était une réalité, et il pressentit l'étendue de la catastrophe qui frappait le royaume de Lou.

Sur le seuil du palais, il se fit annoncer au prince Tin. Mais celui-ci lui fit répondre qu'il ne pouvait le recevoir. Il attendit vainement. Il ne devait jamais plus se trouver en sa présence.

L'autorité de Confucius mourut mystérieusement dans toutes les âmes en même temps. Les rouages des administrations qu'il avait créés ne fonctionnèrent plus qu'avec lenteur et finirent par se disloquer. Les dignitaires du royaume ne vinrent plus demander ses ordres. On cessa de lui obéir. Il ne put en référer à l'invisible souverain. Un joueur de luth reçut, sans qu'il en fut avisé, le titre de grand Ordonnateur des fêtes du royaume avec des pouvoirs discrétionnaires. L'eunuque de Tsi, qui avait conduit les quatre-vingts jeunes filles et qui passait pour un homme de mœurs détestables, devint gouverneur des cinq palais de l'île en losange, et des jardiniers semèrent d'innombrables narcisses et transportèrent des canneliers avec de longues branches fleuries.

Yan-You vint avec sa troupe s'installer sur la grande place de la ville, en face du temple de la Perfection immaculée. Il avait perdu ses deux principaux artistes, car Mong-Pi avait disparu après la mort de la belle Miao-Chen. Mais, selon la méthode qui lui était familière, il instruisait les gens du peuple dans l'art du chant, il organisait des chœurs immenses qui emplissaient toute la ville d'un immense chant de joie.

Il n'y eut aucun ordre royal précis. Confucius sentit qu'il était rejeté, éliminé, par le jeu naturel des choses, lui et ses règles morales, ses lois vertueuses, lui et son implacable amour du bien.

Il décida de quitter le royaume de Lou et il donna rendez-vous un matin aux quelques disciples qui n'avaient pas encore troqué leurs robes noires contre des robes de parade.

Il tint à ne rien emporter, à s'en aller plus pauvre qu'il était venu, car il était sincèrement désintéressé.

Mais Tseu-Lou et Tseu-Kong vinrent seuls au rendez-vous. Confucius attendit longtemps inutilement dans la mélancolie matinale d'une rue déserte. A la fin il se mit en route avec ses deux compagnons fidèles.

Or un chien errant, un misérable chien jaune, se mit à marcher derrière son cheval et ne voulut pas le quitter.

Confucius le connaissait bien. Ce chien avait élu pour domicile le seuil de sa maison. Il le voyait chaque jour et il était obligé de prendre un bâton pour l'empêcher de rentrer chez lui, car il estimait que la possession d'un chien est contraire à la propreté domestique.

Il le menaça inutilement. Le chien semblait s'être donné à lui. Il s'arrêtait, le regardait avec de grands yeux tristes, puis, quand Confucius repartait, il reprenait fidèlement sa marche derrière lui.

A la fin, Confucius le laissa faire et il dit à Tseu-Lou et à Tseu-Kong :

— Il n'y a pas pour m'accompagner un seul de ces habitants de Lou dont j'ai voulu le bien si passionnément. Et ce chien que j'ai toujours chassé de mon seuil me donne les marques de l'attachement le plus véritable. Comme cela est mystérieux !

LA VIEILLESSE DES SAGES

LE RETOUR DE SIU-KIA

Lorsque le disciple Siu-Kia parut sur le seuil du palais des Esprits de la terre, avec ses cheveux relevés et noués derrière la tête à la manière des Hindous, Lao-Tseu lui tendit les bras, mais il ne manifesta pas une extrême surprise. Et Siu-Kia s'étonna de cette absence d'étonnement et Lao-Tseu lui dit :

— Il m'est venu depuis quelque temps une singulière faculté de voir, en fermant les yeux, ceux auxquels mon âme est liée. Je te distinguais sur les routes. Je voyais la crosse de ton bâton dans les bourrasques de neige de la montagne Loung et les sables des déserts soulevés par le vent n'arrivaient pas à cacher ton ombre. Mais dis-moi ce que tu as vu dans les pays qui sont par delà les frontières de la Chine.

— O maître, dit Siu-Kia, la lune bien des fois a grandi, puis s'est amincie sur ma tête. Par le passage Hang-Kou je suis sorti de l'empire et j'ai traversé des régions où il n'y avait que des loups sauvages et j'ai gravi des montagnes très hautes où les aigles volaient par centaines et frôlaient ma tête de leurs ailes. Les loups m'ont respecté à cause de ma maigreur et les aigles ne m'ont pas crevé les yeux parce que mon désir de connaître donnait à mes prunelles la ressemblance du ciel. J'ai traversé le Fleuve de sable où l'on meurt si l'on fait la rencontre de certains vents brûlants qui sont des génies avec des robes de feu. J'ai passé par le royaume de Chen-Chen et, en marchant vers le Nord-Ouest, j'ai atteint le royaume de Oui, dont les habitants sont inhospitaliers, et le royaume d'Yu-Thian, dont les habitants sont accueillants et doux mais peu nombreux et où il y a des monastères carrés, en pierres noires, au sommet de montagnes coniques. Je suis allé toujours vers l'Ouest. Les végétations ont changé autour de moi, le ciel a pris une couleur indigo que je ne lui avais jamais vue ; j'ai descendu les pentes de Tsoun-Ling et je suis arrivé dans des vallées si heureuses qu'on ne peut les regarder sans pleurer. Il y a des arbres qui ont l'air de jeunes filles amicalement penchées et des rivières dont l'eau est aussi pure que le jade au soleil levant.

Enfin, ayant passé le fleuve Aciravati, je suis parvenu dans le pays des Cakias. Là, il n'était bruit que de la sagesse incomparable d'un fils de prince appelé Siddartha.

— Un fils de prince ! interrompit Lao-Tseu. Je croyais que, seuls, les très pauvres hommes pouvaient arriver à la sagesse incomparable.

— Il n'en est rien, ô mon maître. Ce Siddartha est fils de Souddhodana, puissant souverain qui a des chars de guerre, des esclaves et des éléphants et qui commande dans la ville de Kapilavastu. Mais tous les biens de son père, son palais et sa propre épouse, Siddartha les a quittés pour le recueillement et la solitude dans la forêt, parmi les bêtes sauvages.

— Son épouse ! interrompit encore Lao-Tseu. Je croyais que seul pouvait parvenir à la sagesse incomparable celui qui avait été chaste toute sa vie.

— Il n'en est rien, ô mon maître! De ce Siddartha est même né un fils nommé Rahoula. Or Siddartha a éprouvé à un degré extrême la souffrance des hommes condamnés à la maladie et à la mort. La pitié qu'il éprouvait pour leur ignorance et leur misère lui a déchiré le cœur. Il s'est assis sous l'arbre Peï-to et il y est demeuré jusqu'à ce que l'illumination lui vînt et qu'il connût le secret de la délivrance. Alors il s'est levé et il a marché parmi les hommes pour leur enseigner le fruit de ses méditations et la vérité qui lui était propre.

— Es-tu parvenu jusqu'à lui et l'as-tu vu? demanda Lao-Tseu. Peux-tu me dire si son visage est splendide et si une lumière rayonnante s'échappe de ses yeux comme celui que j'ai vu dans mon rêve.

— Il n'en est rien, ô mon maître! Et sans doute le rêve transforme et embellit. Celui dont la renommée s'étend à travers les plaines gangétiques et dans le montagneux Thibet et qu'on appelle le Bouddha a l'apparence d'un homme ordinaire. Aucune grandeur sublime ne se dégage de sa personne et, si je l'osais, je te dirais qu'il te ressemble, ô mon maître ! J'ai pu m'approcher de lui avec quelques moines d'un monastère du pays de Kie-Tcha qui m'avaient accompagné dans une partie de mon voyage. Il se tenait debout à la clarté du soleil près d'une petite cabane en branches de lataniers, sous les branches d'un arbre en forme de voûte, et il allait verser l'eau d'une cruche dans une coupe de terre pour boire. A côté de lui il y avait sur une pierre une galette d'orge qu'il avait dû faire griller lui-même et qu'il allait prendre pour son repas. Oui, ce grand sage allait manger et boire comme tous les hommes, comme tu es obligé de le faire toi-même, et je ne sais pourquoi cela m'a rempli d'émotion. Quand il nous a vus, il a posé sa cruche avec un mouvement d'affectueuse allégresse et il nous a souri bienveillamment. Il sourit toujours bienveillamment et je dois dire qu'un peu plus tard ses enseignements m'ont paru venir de plus haut et de plus loin et avoir plus de beauté parce qu'ils venaient d'un homme ordinaire qui souriait bienveillamment.

— Quels sont les enseignements qui venaient de si haut et de si loin? demanda Lao-Tseu avec impatience. Sans doute en as-tu été frappé comme par un éclair et es-tu demeuré stupéfait par la révélation de ce qui t'était caché?

— Il n'en fut rien, ô mon maître! car ces enseignements, je les connaissais. Ce sont ceux que tu m'as enseignés avec peu de mots depuis longtemps et que tu as enseignés au petit nombre de sages qui sont venus s'instruire auprès de toi. La vérité qui, grâce à ta parole, circule dans l'antique Chine est la même que celle que le Bouddha répand dans l'Inde. Vous enseignez l'un et l'autre qu'il faut vaincre en soi le désir pour échapper au recommencement des vies successives et rentrer dans la béatitude de la perfection qui est au-dessus du bien et du mal et où l'on goûte l'immuable amour. Vous enseignez l'un et l'autre que l'on y parvient par la simplicité des mœurs, l'absence d'orgueil, la méditation solitaire, la recherche du divin en soi-même. Aussi ma joie est grande d'avoir terminé mon voyage afin de m'asseoir à tes côtés et de rechercher l'extase que tu prescris.

Lao-Tseu avait poussé un grand soupir de soulagement. La vérité n'a pas besoin de confirmation, mais l'esprit de l'homme manque tellement de certitude que le plus grand sage est heureux de savoir qu'il y a au loin un sage qui pense comme lui.

LE DÉPART DE SIU-KIA

Quand Siu-Kia eut fait en détail le récit de son voyage, quand il eut mangé et bu, il s'assit pour méditer. Mais Lao-Tseu lui dit :

— Je t'ai parlé de ce singulier pouvoir qui me fait voir à distance ceux auxquels je suis lié par une spirituelle affinité. Or, depuis quelque temps, j'ai la vision d'un homme merveilleux qui a un visage rayonnant, empreint d'une extraordinaire curiosité et des yeux où luit le désir de l'explication. Il est assis au bord d'une mer couleur de saphir, semée de voiles triangulaires ; il y a un temple blanc derrière lui et je vois autour de son large front voltiger des nombres comme des oiseaux mathématiques. Le paysage qui entoure l'homme plein de curiosité me fait augurer, par la netteté de son atmosphère, l'abondance des marbres clairs et la blancheur de peau des femmes, que c'est un paysage des pays d'au delà les montagnes de l'Ouest, d'au delà les royaumes qui sont après les montagnes de l'Ouest ; d'une région où aucun homme né en Chine n'est parvenu. Je suis trop vieux pour aller si loin, mais peut-être toi, qui es jeune et fort et as pris l'habitude des voyages, voudras-tu t'en aller là-bas et t'enquérir de cet homme à l'esprit lumineux comme le ciel qui l'éclaire et de cette science des nombres dans laquelle je suppose qu'il est versé.

A peine Lao-Tseu avait-il dit ces mots que Siu-Kia ramassait son bâton et était debout.

O maître, je vais partir sur-le-champ. Je dois me hâter, car le pays dont tu parles me semble être bien lointain. Je n'en ai jamais ouï parler et il se peut que toute ma vie ne suffise pas pour l'atteindre.

— Peut-être, chemin faisant, reprit Lao-Tseu, obtiendras-tu quelques renseignements sur les sages parfaits, héritiers des secrets perdus des races anciennes, qui vivent aux environs du mont

Kouen-Lun, point central de la terre, dans une communauté cachée et dirigent l'humanité par l'effort de leur esprit. Je ne sais pas s'il est possible qu'on les reconnaisse. Je ne sais pas si, comme le sage de l'Inde, ils sourient bienveillamment, ou si, comme le chercheur de nombres d'au delà les pays de l'Ouest, ils ont un regard plein de curiosité. S'il t'est donné de les voir, pourtant, reviens à la hâte vers moi, car c'est au milieu d'eux qu'est le foyer de la vraie lumière.

Siu-Kia sortit du palais des Esprits de la terre et s'éloigna avec rapidité, car il avait des milliers et des milliers de tchang à parcourir, et son premier voyage lui avait fait entrevoir combien la terre est immense.

— Je suis très vieux, lui avait dit Lao-Tseu en l'accompagnant jusqu'au cyprès renversé.

— A bientôt ! avait crié Siu-Kia de loin.

Mais il ne devait jamais revenir.

MONG-PI ET LE CHIEN

Confucius voyageait. Il allait de pays en pays, gardant l'espérance de gagner à ses idées l'esprit d'un roi et de moraliser par ce moyen le royaume, puis tout l'empire de la Chine. Mais les rois ne l'écoutaient que distraitement. Il était devenu en vieillissant plus rigoureux sur les principes de sa morale, plus exigeant sur les manifestations d'une vertu obligatoire. Il avait à un haut degré le souci de la justice, mais il ne la concevait que revêtue d'une ceinture d'ennui. Il professait le plus sincère amour de son prochain, mais cet amour avait une cuirasse de chasteté, une armure d'obligations et de règles qui le rendaient presque aussi redoutable que la haine.

Le roi de Soung reçut Confucius avec de grands

honneurs. C'était un homme gros qui ne songeait qu'au plaisir de la nourriture. Il était à table et il achevait son repas pendant que Confucius parlait. Le sage en était arrivé aux règles d'abstinence qui rendent l'esprit plus délié. Le roi s'endormit juste à temps pour ne pas entendre une réprimande indirecte qui s'adressait à lui. Confucius s'offensa de ce sommeil et quitta l'État de Soung.

Le roi de Tcheng était grand chasseur. Il reçut Confucius dans son jardin. Il tenait son arc à la main et son cheval était à côté de lui, car il allait partir pour la chasse.

Confucius n'en exposa pas moins dans les moindres détails sa méthode de gouvernement. Le roi regardait avec obstination des oies sauvages qui volaient en cercle au-dessus de lui. Il interrompit Confucius pour lui demander quelle était la signification de cet inhabituel vol circulaire des oies sauvages qui, à cette époque de l'année, auraient dû s'en aller vers le Nord.

Confucius répondit sèchement qu'il s'occupait des mœurs des hommes et non de celles des oies. Le roi de Tcheng sauta sur son cheval et partit. Confucius fut obligé de faire de même.

Les années passèrent. Il eut de nombreux disciples dans les villes qu'il traversa. Il répandit sa doctrine avec une inlassable persévérance. Elle fut comprise aisément par tous les hommes moyens et cultivés qui la recueillirent avec respect. Mais ce ne fut pas assez pour Confucius qui rêvait la première place dans l'empire, non par ambition personnelle, mais pour faire triompher sa conception morale. Il s'aigrit un peu. Il se découragea à la fin. Il accusa la décadence des temps. Il décida de rentrer dans sa patrie.

Dans le massif montagneux qui est au nord du royaume de Lou, son char, traîné par un bœuf, et la petite troupe de ses disciples montés sur des ânes furent arrêtés par une troupe de brigands qui rançonnaient les voyageurs. Mais ces brigands reconnurent Confucius dont la célébrité était immense et dont la pauvreté était légendaire. Ils n'exigèrent rien de lui et de ceux qui l'accompagnaient. Même ils donnèrent aimablement des renseignements au sujet d'un raccourci qui permettait d'éviter une côte au flanc d'une montagne escarpée.

Au moment où les deux groupes allaient se séparer Confucius faillit pousser un cri de surprise. Il venait de reconnaître Mong-Pi dans un des brigands, particulièrement laid et déguenillé. Mong-Pi, chargé d'armes d'une grandeur ridicule, le regardait fixement et il y avait dans son regard un mélange de joie et d'extravagance.

Il éclata de rire et il fit quelques enjambées vers Confucius, les bras tendus et faisant s'entrechoquer les deux larges sabres qui étaient pendus à sa ceinture.

— Je ne laisserai pas passer mon frère sans le serrer dans mes bras, cria-t-il.

Confucius frissonna. Il ignorait la crainte, mais ce qui était scandaleux lui paraissait pire que la mort.

Ses disciples allaient se précipiter. Mais Mong-Pi, arrivé près de Confucius, se baissa, saisit dans ses bras le misérable chien jaune qui était devenu le compagnon fidèle et bien aimé de Confucius, et il embrassa à plusieurs reprises, avec une tendresse fraternelle, son museau souillé, puis il le reposa sur le sol.

Le chien jaune, au lieu de gronder, jappa

amicalement et, quand le char de Confucius fut sur le point de disparaître au tournant de la route, il se retourna plusieurs fois vers la silhouette de Mong-Pi qui lui faisait signe, comme s'il avait un regret.

Et, un peu plus tard, Confucius se pencha vers Tseu-Lou, qui était à côté de lui sur le char, et il lui dit en soupirant :

— Je suis triste d'avoir vu Mong-Pi parmi ces brigands. Voilà où conduisent le dérèglement des passions et le désordre de la vie.

Il garda longtemps le silence et il dit encore :

— Je ne sais pourquoi Mong-Pi a appelé ce chien son frère et pourquoi ce chien n'a pas aboyé quand il l'a pris dans ses bras. Il y a, en vérité, une similitude entre ces deux créatures errantes, mais ce qui est tout à fait inexplicable c'est que de tels êtres puissent s'attacher à moi et que j'aie des faiblesses pour eux.

LA MORT DE KI-KÉOU

Sur la colline qui domine Tséou, tenant à la main le squelette d'un luth sans cordes, une vieille femme courait dans la neige. C'était Ki-Kéou, la patiente, la solitaire épouse de Confucius.

A cause de son manque de piété filiale, elle avait été reléguée à Tséou et elle y avait vieilli dans ce crépuscule sans lumière des âmes simples qui ont perdu leur idéal.

Elle allait vite, car elle savait que sa vie était courte. Depuis longtemps Confucius annonçait son retour. Elle avait espéré ce retour et elle l'avait craint. Puis elle avait cessé d'y croire. Mais, ce soir-là, il ne pouvait plus y avoir de doute. Un disciple en était venu porter la nouvelle. Confucius couchait à cent lis à peine de Tséou et il serait là le lendemain. Il y avait des années que Ki-Kéou n'avait plus bien la connaissance nette des choses. Tout se confondait dans son esprit, les voyages de Confucius, le départ de son fils Pé-Yu, le visage du vieux gardien Tchang, mais elle savait qu'il était nécessaire qu'elle jouât une fois encore avec son luth mort dans le jardin inculte de la maison abandonnée de son père. Par timidité vis-à-vis d'elle-même, par absence de volonté, elle avait reculé sans cesse la réalisation de ce rêve et maintenant une grande terreur venait de la saisir de ne plus pouvoir jamais se retrouver dans les allées de sa jeunesse, à l'heure intermédiaire où le soleil n'est pas encore levé.

Dans la nuit blanche et froide, le long des cèdres et des frangipaniers, elle s'en allait comme en rêve, heurtant parfois quelques pierres funéraires qui émergeaient sous la neige, le long de la route. Enfin, au fond de la vallée, elle vit une petite tache sombre.

Depuis la mort de son père la vieille maison

était inhabitée. Le vent s'en était emparé et en avait dispersé la toiture. La pluie et le soleil avaient accompli leur lent travail. Les fenêtres ouvertes étaient comme des yeux crevés et une porte battante poussait un gémissement perpétuel.

Ki-Kéou n'eut pas de peine à pénétrer dans le jardin, car le mur de clôture, qui avait déjà des brèches aux jours de son enfance, était maintenant presque complètement détruit. Mais elle ne reconnut ni la silhouette des arbres ni le contour des buissons. Le jardin avait changé comme elle-même. Les années y avaient apporté la folie exubérante de la nature.

A chaque pas que faisait Ki-Kéou, cherchant la place où elle s'asseyait autrefois, une épine s'accrochait à sa robe comme si un démon nocturne l'avait tirée à lui. Elle savait que les Tao-Niu, sorcières en relation avec l'esprit des belettes, ont coutume de hanter les maisons solitaires et de guetter les passants pour les entraîner par des couloirs secrets dans des salles souterraines où elles boivent leur sang. Elle se souvenait que, par les nuits d'hiver, une énorme grenouille d'un aspect terrifiant sortait d'un étang voisin et arpentait la vallée avec ses jambes en forme d'échasses. Seul celui qui possédait la pierre Che-Kan-Tang et qui la lui lançait avait le pouvoir de la faire rentrer sous les eaux. Elle regardait si elle n'apercevait pas soudain devant elle le vieillard Fong-Pé, qui a une robe d'hermine et deux outres en peau de souris derrière le dos et qui est attaché par un fil de soie à l'étoile Ki. Son haleine est remplie de glaçons aigus comme des dards qui transpercent ceux qu'il rencontre. Et elle mettait son bras devant son visage parce qu'il y a dans chaque tourmente de neige un héron fantastique qui crève les yeux des humains avec un bec de porphyre mat.

Il y eut un hurlement au lointain, puis un autre dans une direction différente, puis beaucoup de hurlements plus rapprochés. Ki-Kéou vit parmi les pierres de la muraille écroulée les yeux rouges d'une bande de loups qui faisaient un cercle autour d'elle.

Alors elle commença à jouer, à faire vibrer les cordes absentes du vieux luth parce qu'elle avait cru percevoir dans la neige une teinte aurorale qui n'était que le reflet de la lune vaguement errante au fond de l'horizon. Passionnément, elle joua de cette musique qui n'avait pas de sons et elle finit par oublier les Tao-Niu, la terrifiante grenouille et le vieillard Fong-Pé au bout de son fil de soie. Elle joua très longtemps dans les ténèbres neigeuses jusqu'à ce que ses doigts fussent engourdis par le froid et le contact des invisibles cordes.

Peut-être la musique qui n'est que rêvée par une âme insensée a-t-elle une action sur les bêtes sauvages. Les loups aux prunelles rouges restèrent immobiles derrière les pierres et écoutèrent ce qu'ils n'entendaient pas.

Avec une inexorable lenteur le soleil insinua une lumière diffuse dans la neige. Un léger souffle secoua les hauts cèdres comme des gerbes d'ouate. Les loups glissèrent à pas feutrés. Une ombre humaine s'avança sur la route.

Et dans l'enchantement hyperboréen du paysage le luth aux cordes vraies du musicien Mong-Pi fit vibrer l'air glacé du passé. Était-il venu retrouver par le souvenir la première image de la beauté? Avait-il entendu au loin la musique de l'âme? Il était là. Il joua pendant que le globe du soleil levant émergeait des buées laiteuses, versait son sang violet dans le ciel floconneux.

Puis il se pencha par habitude vers le jardin subitement peint avec des flammes et il vit, appuyée sur le tronc d'un arbre, une belle morte gelée, blanche comme une statue de cristal.

LA MORT DU CHIEN DE CONFUCIUS

Confucius fit célébrer les funérailles de son épouse Ki-Kéou selon le rituel le plus ancien et le plus compliqué. Il s'installa à Tséou. Mais les mauvais jours étaient venus. Il perdit successivement ses disciples Tseu-Lou et Yan-Youan qu'il chérissait infiniment et il en éprouva une grande douleur. Il perdit sa confiance dans la durée de sa doctrine et il en souffrit plus encore. Il venait de terminer sa compilation des livres canoniques et sa rédaction du Printemps et de l'Automne, mais avec la fin de son travail il voyait mourir sa foi dans son éternité.

Il avait trouvé en arrivant la maison de Tséou dans un désordre si grand qu'il n'arrivait pas à en triompher. Le jardin surtout l'attristait par le caractère sauvage qu'il avait pris, faute de soins. Des camphriers, qui y croissaient autrefois en petit nombre, s'étaient multipliés avec une extraordinaire exubérance; ils faisaient pleuvoir sur lui leurs fleurs blanchâtres et, comme leur bois a la propriété de dégager, la nuit, des étincelles, Confucius voyait, quand il se promenait, des lueurs singulières qu'il trouvait choquantes. Et il y avait aussi des caoutchoucs aux feuillages trop épais dont la tige faisait couler un lait trop abondant, des bambous qui fendaient les allées comme des lances et un sycomore qui s'était développé d'une façon si inattendue qu'il y avait une sorte d'insolence dans l'énormité de son tronc.

« Ainsi donc, pensait Confucius, la nature se présente sous l'aspect du désordre, le désordre est sa substance intime et triomphe dès qu'on cesse de lutter pour le limiter. Mon œuvre sera peut-être comme ce jardin. J'ai laborieusement retrouvé, classé, reconstitué les quatre livres sacrés de l'Empire de Chine. Dans la végétation de la poésie des anciens j'ai coupé la mauvaise herbe de l'enthousiasme, arraché l'ortie de la rêverie métaphysique. J'ai sarclé le champ poétique et moral des vieux maîtres du temps de Yao et de Chun. Mais quand je serai mort, les folles exagérations, les lyrismes parasites vont sans doute croître de toutes parts et l'on ne reconnaîtra plus les allées droites qui mènent au bien. »

Confucius eut un nouveau chagrin. Son chien mourut. Il s'était accoutumé à ce compagnon qui, avec les années, était devenu perclus et galeux. Il le pleura et il voulut qu'il soit enterré avec honneur, comme les rites le prescrivent, les pieds tournés du côté de l'Ouest. Il choisit un emplacement abrité dans le jardin et il fit envelopper son corps par Tchang dans une épaisse natte de jonc cousue afin que la terre ne l'effleurât pas.

Le jardin n'était séparé de la route que par une barrière en claire-voie et, pendant que Tchang cousait, auprès de la fosse, le chien galeux dans la natte, Mong-Pi passa et s'arrêta pour regarder.

Ce ne fut qu'un peu plus tard que Confucius reconnut Mong-Pi accoudé sur la barrière. Tchang et Tseu-Kong, qui avaient participé avec surprise au rite funèbre, s'en revenaient déjà vers la maison.

Confucius pensait quelquefois à Mong-Pi comme le berger pense à une brebis égarée quand il y a un orage. Il avait pitié de lui; il aurait voulu le ramener sur la bonne route, qui était la sienne.

Il s'approcha de lui et il l'exhorta avec toute sa puissance de persuasion. Il ne demandait pas mieux que de faire quelque chose pour lui. Il se chargeait d'obtenir un poste honorable et convenable si Mong-Pi promettait de s'amender. Il s'efforcerait d'oublier dans quelle compagnie il l'avait rencontré dans les montagnes de Lou. Il ne penserait pas aux actions horribles qu'il avait pu accomplir. Il n'est jamais trop tard pour se bien conduire. Du fond du cœur il lui pardonnait.

Mais Mong-Pi était visiblement distrait. Il suivait sa propre pensée. Il sembla se réveiller au mot : Pardon. Ses yeux se mouillèrent :

— Oh! oui, dit-il, je te pardonne parce que tu as aimé ton chien et que tu l'as fait enterrer comme un homme.

LA MORT DE CONFUCIUS

Des paysans ayant tué dans une forêt du voisinage un être de forme bizarre, ils l'apportèrent à Confucius et celui-ci reconnut que c'était une licorne. Comme il l'examinait curieusement il vit qu'il y avait un ruban de soie accroché à la corne de l'animal. Ce ruban paraissait très ancien. Confucius se rappela que sa mère lui avait souvent raconté que, le matin de sa conception, comme elle se promenait solitaire, une licorne était sortie d'un buisson de genévriers et qu'elle avait enroulé un ruban de soie autour de sa corne.

Comme ces animaux rares et très sauvages ne portent pas fréquemment des rubans pour ornement, Confucius pensa que la licorne qu'on venait de tuer était celle qui s'était approchée de sa mère autrefois, et il vit là un présage de sa fin prochaine.

Mais il n'en fut pas effrayé. Il avait soixante-treize ans : il n'avait jamais redouté de mourir. La régularité de la mort à frapper tous les hommes sans exception, la quantité de cérémonies, de génuflexions et de rites dont les anciennes traditions l'avaient enveloppée, le mystère qu'elle avait su garder sur son origine et ses buts, tout lui rendait la mort respectable. Et cet ordre parfait qui obligeait tous les vivants à s'allonger dans les tombeaux de manière inéluctable lui paraissait plein de grandeur et de nécessité.

Il jugeait la nature trop raisonnable pour préparer aux hommes, quand la vie avait cessé, la surprise de souffrances secrètes et imméritées. Mais il ne pouvait s'empêcher de méditer sur la minute où son esprit, ayant quitté son vieux corps familier, se poserait, dépouillé et désorienté, sur une tablette dans la salle des ancêtres.

Cette nuit-là il ne put goûter le repos du sommeil. A la fin, fatigué de se retourner sur son lit, il se leva et descendit dans le jardin.

On était le dix-huitième jour de la quatrième lune de l'an Yen-Siu et l'air était bleuâtre et transparent. Les étoiles avaient l'air voilées et singulièrement rapprochées. Une grande immobilité tenait les arbres en suspens. La douceur ambiante était telle qu'il semblait que les feuillages, les troncs et le sol lui-même étaient en velours.

Confucius s'aperçut que le jour allait bientôt paraître et il fut saisi de l'envie mystérieuse de jouer du luth. Il ne s'arrêta pas à l'idée que cette heure n'était pas convenable pour faire de la musique; il remonta dans sa chambre et il revint avec son instrument.

Il voulut jouer l'air célèbre composé par le sage Wen-Wang et qui était un des premiers que lui avait fait jouer son maître Siang quand il lui avait appris la musique. Il préluda en effet. Mais il s'égara. Un autre air vint malgré lui sous ses doigts et une légère ivresse s'empara de son âme. Il fit quelques pas et une feuille de caoutchouc effleura son visage, comme une caresse de plante. Il aperçut tout près de lui, perché sur une branche, un oiseau qui le regardait sans frayeur.

Il aurait pu le toucher en étendant la main. Quelque chose d'ailé, de magique, enveloppait Confucius jouant du luth. Il improvisait maintenant et il glissait sur une pente surnaturelle. Comme si un rideau se fût levé devant ses yeux, il voyait des choses qu'il n'avait encore jamais vues. Il leva la tête et il découvrit au-dessus de lui le ciel immense et les étoiles innombrables.

Jamais il n'avait eu la connaissance d'un si grand miracle de couleurs, dans une mer d'un bleu si tendre, sous un voile de buées si délicates. Jamais les étoiles du Dragon n'avaient eu cette rouge magnificence. Il n'avait pas remarqué encore cette netteté harmonieuse de la Grande Ourse et avec quelle mélancolie l'étoile Kiao, qui est à l'opposé du soleil, s'inclinait au bord de l'horizon quand celui-ci allait apparaître. Pour la première fois il était frappé par cette douceur éternelle de Tien-Yi, l'unique du ciel, pareille à un fixe regard dont aucune paupière n'interrompt la clarté.

Comme il aimait les étoiles ! Il leva les bras vers elles, en signe d'adoration. Il voulait vivre en les regardant. Mais elles s'effaçaient peu à peu.

Elles lui échappaient en pâlissant. Le jour venait avec son inexorable régularité et Confucius se prit à désirer de toutes ses forces un retard de la lumière, une rupture dans l'équilibre universel, une extravagance solaire qui lui aurait donné encore une heure de contemplation.

Il revint vers sa maison à pas lents. Ah! vite que la nuit revienne! Mais les étoiles et leur nouveauté ne devaient plus apparaître pour lui.

Il monta l'escalier avec difficulté. A sa grande surprise il croisa toutes sortes de personnages qui le saluaient obséquieusement. Il les reconnaissait, bien qu'il ne les ait pas vus depuis des années. C'étaient des fonctionnaires importants, des lettrés, des magistrats, des pères de famille vertueux, tous ceux qu'il avait aimés, sur lesquels il s'était appuyé, tous ceux qui avaient adopté ses doctrines et qui les avaient défendues. Il y en avait des quantités, venus on ne sait d'où, qui avaient envahi sa chambre, et Confucius en reconnut beaucoup qui étaient morts depuis longtemps et à l'enterrement desquels il avait assisté. Tous avaient des visages graves et reconnaissants et étaient revêtus de robes d'apparat. Ils semblaient accomplir un cérémonial et ils saluaient, ils saluaient sans cesse.

Confucius avait envie de leur demander s'ils avaient bien regardé le ciel et s'ils avaient vu les bleus magiques des constellations, ces verts couleur de jade divin, ce sang délicat versé par les étoiles Sin et Tsan. Mais il n'osa pas. Il voyait bien que tous ces yeux de bons fonctionnaires, tous ces yeux rendus myopes par les devoirs étroits, les piétés filiales bornées, les craintives vertus, n'avaient jamais eu assez de pouvoir pour contempler le vrai ciel empli de la flamme des astres.

Il ne dit rien et il se recoucha.

Et il vit apparaître de nouveaux fonctionnaires, de nouveaux magistrats, de nouveaux pères de famille qu'il ne connaissait pas, et il comprit qu'ils n'étaient pas encore nés, que c'étaient ses futurs disciples des âges à venir. Tous le saluaient, tous lui rendaient hommage, tous avaient la même admiration pour ses doctrines, la même incapacité à voir le ciel et il était le maître de ce peuple vertueux et myope.

Il détourna la tête et il regarda au-dessus de lui. Le plafond lui parut plus bas qu'à l'ordinaire, étrangement pesant, et sur le plafond il y avait d'innombrables sentences morales qui étaient celles qu'il avait énoncées durant sa vie. Que de sages vérités ! Que de bons enseignements ! Mais il aurait bien voulu ne pas les voir. Il les aurait changés volontiers contre le plus petit morceau de bleu céleste. Les préceptes glissaient, se croisaient, se multipliaient et c'était toute son âme que Confucius contemplait dans ces textes rigoureux, mesurés, raisonnables qui devaient être l'enseignement des hommes.

Il étendit les bras pour chasser ces images. Mais alors les fantômes eurent l'air de croire que Confucius leur rendait leur salut et ils s'inclinèrent avec plus d'ardeur autour de lui, ils loyèrent des dos cérémonieux comme leurs conceptions des hiérarchies, ils branlèrent des crânes dénudés comme des imaginations sans poésie, et ce fut au milieu de dix mille salutations, de dix mille génuflexions rituelles que Confucius entra dans la léthargie dont il ne devait sortir que par la porte de la mort.

LA DISPARITION DE LAO-TSEU

Lao-Tseu sentit un soir une plus grande solitude l'envelopper et il comprit que son disciple Siu-Kia était mort quelque part, dans un point de l'immensité de son voyage.

Il était très vieux et ses jambes le supportaient à peine. Mais son esprit se développait sans cesse et devenait plus clairvoyant et plus actif à mesure que son corps devenait plus lourd et plus immobile.

Il eut un soir une vision singulièrement nette d'une vallée de la terre, dans un cercle de montagnes élevées.

Au milieu, serpentait une rivière paisible où fleurissaient des lotus tellement grands qu'il n'en avait jamais vu de pareils. Il y avait des blocs de pierre superposés qui avaient vaguement l'apparence de maisons. Des cèdres les abritaient et ces cèdres formaient de petits bois séparés entre eux par des terrains sans végétations et semés de cailloux blancs. Toute la vallée était enclose dans des murailles presque à pic et ne devait communiquer avec le reste du monde que par un sentier que Lao-Tseu voyait dans le flanc d'une de ces murailles et qui était tellement étroit qu'un homme mince et très agile aurait eu de la peine à y passer.

Un cèdre plus grand que les autres était au milieu de la vallée, et le seul indice qui faisait penser que ce lieu était habité était un banc de pierre circulaire orné de sculptures qui entourait le tronc énorme du cèdre.

Une impression de sérénité se dégageait de ce lieu muet et Lao-Tseu pensa que c'était là que devaient vivre les hommes parfaits, gardiens de la sagesse perdue et directeurs cachés de l'humanité dont il savait l'existence par la plus antique tradition de la terre.

— Dans cette vallée viendront mes deux frères, se dit Lao-Tseu, celui de l'Inde et celui des pays où il y a des temples de marbre au bord de la mer bleue. C'est là que je dois aller.

Or, échappé à quelque troupeau, un bœuf errait depuis longtemps dans la partie sauvage du jardin qui entourait le palais des Esprits de la terre. Une amitié était née entre le bœuf et le sage et c'est sur le dos de cette monture que Lao-Tseu décida d'entreprendre son voyage.

Il partit. Il se dirigea vers le col de Hang-Kou par où Siu-Kia était sorti de la Chine. Il avançait lentement et, sur son chemin, chacun s'étonnait de voir un aussi prodigieux vieillard s'en aller, sur le dos d'un bœuf, vers les régions inconnues de la terre.

Sa renommée était grande dans tout l'empire car la sagesse filtre par des voies inconnues dans les âmes des hommes et il n'est pas besoin à la vérité de beaucoup de paroles pour être entendue.

Les gouverneurs offraient à Lao-Tseu l'hospitalité de leurs palais et des anachorètes avertis par des bergers descendaient des montagnes pour le voir passer. Lao-Tseu n'acceptait que le présent de quelques grains de riz et d'une parole amicale et suivait sa route.

Ce fut un peu avant d'arriver à la passe d'Hang-Kou qu'il se laissa glisser au pied du bœuf qui le portait et resta étendu sans connaissance pendant que celui-ci beuglait tristement.

Le mandarin In-Hi, qui commandait cette région de la frontière, avait appris son passage et venait au-devant de lui avec une escorte. Il le recueillit dans son palais et il le soigna.

C'était un lettré à l'esprit subtil qui connaissait et admirait la philosophie de Lao-Tseu.

Quand le sage fut rétabli, In-Hi s'efforça de le dissuader de poursuivre son voyage. L'automne était venu. Au delà du col d'Hang-Kou, où finissait l'empire, s'étendaient des solitudes sauvages et illimitées. Comment traverserait-il ces déserts? Mais la résolution de Lao-Tseu était prise. Il irait à la recherche du mont Kouen-Lun auprès duquel devait se trouver la mystérieuse vallée des hommes parfaits, où il y avait un banc de pierre autour d'un grand cèdre et qui était le but de son voyage.

Pour gagner du temps et laisser passer l'hiver In-Hi demanda comme une faveur à Lao-Tseu d'écrire pour lui le résumé de ses doctrines. Et c'est seulement afin de remercier In-Hi de son hospitalité que Lao-Tseu résuma dans le Livre de la Voie et de l'Amour les vérités essentielles qu'il avait méditées durant sa vie.

Mais lorsque le livre fut terminé et que le printemps fut venu Lao-Tseu décida de reprendre sa route. Il refusa l'escorte qu'In-Hi voulait lui donner. Il refusa aussi les chevaux qui lui auraient permis de franchir plus rapidement les régions désertiques où les voyageurs meurent par la soif et les hallucinations des sables. Il préférait son bœuf fidèle à cause de l'amitié qui les unissait.

C'est à la passe d'Hang-Kou que les hommes vivants virent Lao-Tseu pour la dernière fois.

Toujours du côté de l'Ouest ! Le vieux sage chemina durant des jours uniformes, sous un soleil de plus en plus ardent, se contentant d'une poignée de riz et de quelques gorgées d'eau chaque soir. Puis le riz qu'il avait emporté s'épuisa, les outres qui étaient suspendues à ses côtés se vidèrent. L'air se mit à brûler et des réverbérations aveuglantes firent croire à Lao-Tseu qu'il marchait sur un immense miroir d'or, enfermé sous un couvercle de lumière. Le bœuf se mit à marcher à pas tout petits, comme s'il était lui-même un vieillard centenaire jusqu'au moment où il s'affaissa et mourut.

Du côté de l'Ouest était le mont Kouen-Lun et la vallée des grands lotus sur la rivière paisible ! Du côté de l'Ouest Lao-Tseu poursuivit sa route. Au bout d'une journée entière il voyait encore le corps du bœuf mort à peu de distance de lui.

Lao-Tseu s'assit sur le sable pour prendre un peu de repos. Le soleil se couchait, mais il avait une couleur de sang et disparaissait dans un ciel cendré, plombé, métallique. De l'infini de l'horizon accourait un vent mugissant et ce vent transportait de grandes colonnes de sable, pareilles à des montagnes mobiles. Lao-Tseu pensa que c'étaient de vraies montagnes et que, sans doute, le mont Kouen-Lun devait se trouver parmi elles. Il soupira en songeant à leur éloignement. Mais alors, dans la nuit tombante, il perçut que les montagnes se transportaient vers lui et il vit en même temps deux autres voyageurs qui marchaient dans le sable et lui montraient de la main le plus haut sommet de la chaîne mouvante. Il les reconnut aussitôt. L'un venait de l'Inde et l'autre du bord de ces mers éloignées dont il ne savait que la couleur claire. C'étaient ses deux frères par l'esprit, venus dans le monde pour accomplir la même mission. Il voulut les appeler et il fut surpris de savoir leurs noms. Pythagore, le Bouddha, Lao-Tseu étaient réunis.

Il se leva. Il se sentait singulièrement léger. La nuit était venue de tous les côtés de l'horizon et de grandes avalanches de sable s'écroulaient sur la forme corporelle du vieillard Lao-Tseu. Mais son esprit n'habitait plus cette forme. Le sage de Chine, entre le sage de l'Inde et le sage de la Grèce, pénétrait dans la vallée secrète où leurs égaux les attendaient, au milieu de la clarté rayonnante de l'univers spirituel.

FIN

TABLE

CONFUCIUS ET LAO-TSEU

CONFUCIUS MINISTRE

LA VIEILLESSE DES SAGES

18-27. — Saint-Germain-lès-Corbeil. — Imp. Willaume.

DERNIÈRES PUBLICATIONS

MARGUERITE AUDOUX

De la Ville au Moulin . . . . . 1 vol.

ALBÉRIC CAHUET

Les Amants du Lac . . . . . 1 vol.

FÉLICIEN CHAMPSAUR

La Caravane en folie . . . . . 1 vol.

PIERRE CHANLAINE

L'Albanaise et sa haine . . . . . 1 vol.

CL. CHIVAS-BARON

Confidences de Métisse *(Prix de Littérature coloniale)* . . . 1 vol.

LUCIE DELARUE-MARDRUS

Sainte Thérèse de Lisieux . . . . . 1 vol.

PIERRE DEVOLUY

Le Violier d'Amour . . . . . 1 vol.

MAURICE DONNAY

Théâtre, VIII : La Chasse à l'Homme, Le Roi Candaule, Le Geste . . 1 vol.

GABRIEL FAURE

Amours romantiques . . . . . 1 vol.

ROSEMONDE GÉRARD

L'Arc-en-Ciel. *Couronné par l'Académie française* . . . . . 1 vol.

PAUL GINISTY

La Véritable Histoire de la Belle Madame Tiquet . . 1 vol.

EDMOND GOJON

En Algérie, avec la France . . . . . 1 vol.

E. GOMEZ CARRILLO

Fès ou les Nostalgies andalouses . . . . . 1 vol.

LAMARTINE

Choix de Poésies . . . . . 1 vol.

MAURICE MAETERLINCK

La Vie des Termites . . . . . 1 vol.

MAURICE MAINDRON

Monsieur de Clérambon . . . . . 1 vol.

FERNAND MYSOR

Par T. S. F. . . . . . 1 vol.

JEAN-JACQUES NEUVILLE

Sous le Burnous Bleu . . . . . 1 vol.

J. JOSEPH-RENAUD

Orchidée, danseuse . . . . . 1 vol.

LÉON RIOTOR

La Colle. — Récit du temps de Montmartre . . . . . 1 vol.

EDMOND ROSTAND

Choix de Poésies . . . . . 1 vol.

PIERRE SOULAINE

Claire et le Sorcier . . . . . 1 vol.

MARCELLE VIOUX

Fleur d'Amour . . . . . 1 vol.

ÉMILE ZOLA

Poèmes Lyriques . . . . . 1 vol.

IMP. CRÉMIEU, R. DES SUISSES, PARIS

www.ingramcontent.com/pod-product-compliance
Ingram Content Group UK Ltd.
Pitfield, Milton Keynes, MK11 3LW, UK
UKHW022014170726
13837UKWH00001B/174

9 782329 195599